Tara McKenna

Be Trashy

让生活轻一点

创造零浪费的理想人生

A Practical Guide to Living
with Less Waste and More Joy

[加拿大]
塔拉·麦肯娜
—
著

周坤 胡健 任晨
—
译

C|S 湖南人民出版社·长沙

本作品中文简体版权由湖南人民出版社所有。
未经许可，不得翻印。

图书在版编目（CIP）数据

让生活轻一点 /（加）塔拉·麦肯娜著；周坤，胡健，任晨译. -- 长沙：湖南人民出版社，2024.11

ISBN 978-7-5561-3470-0

Ⅰ.①让… Ⅱ.①塔… ②周… ③胡… ④任… Ⅲ.①生活方式—通俗读物 Ⅳ.①C913.3-49

中国国家版本馆CIP数据核字(2024)第041855号

Don't Be Trashy: A Practical Guide to Living with Less Waste and More Joy: A Minimalism Book
This translation published by arrangement with Rodale Books, an imprint of Random House, a division of Penguin Random House LLC

由湖南人民出版社与企鹅兰登（北京）文化发展有限公司Penguin Random House (Beijing) Culture Development Co., Ltd.合作出版

"企鹅"及其相关标识是企鹅兰登已经注册或尚未注册的商标。未经允许，不得擅用。封底凡无企鹅防伪标识者均属未经授权之非法版本。

让生活轻一点
RANG SHENGHUO QING YIDIAN

著　　者：[加]塔拉·麦肯娜
译　　者：周　坤　胡　健　任　晨
出版统筹：陈　实
监　　制：傅钦伟
产品经理：吴　静
责任编辑：刘　婷　张玉洁
封面设计：饶博文

出版发行：湖南人民出版社［http://www.hnppp.com］
地　　址：长沙市营盘东路3号　　邮　编：410005　　电　话：0731-82683327
印　　刷：长沙艺铖印刷包装有限公司
版　　次：2024年11月第1版　　　　　　　　　　　　　印　次：2024年11月第1次印刷
开　　本：787 mm×1092 mm　 1/32　　　　　　　　　印　张：9.5
字　　数：170千字
书　　号：ISBN 978-7-5561-3470-0
定　　价：58.00元

营销电话：0731-82683348（如发现印装质量问题请与出版社调换）

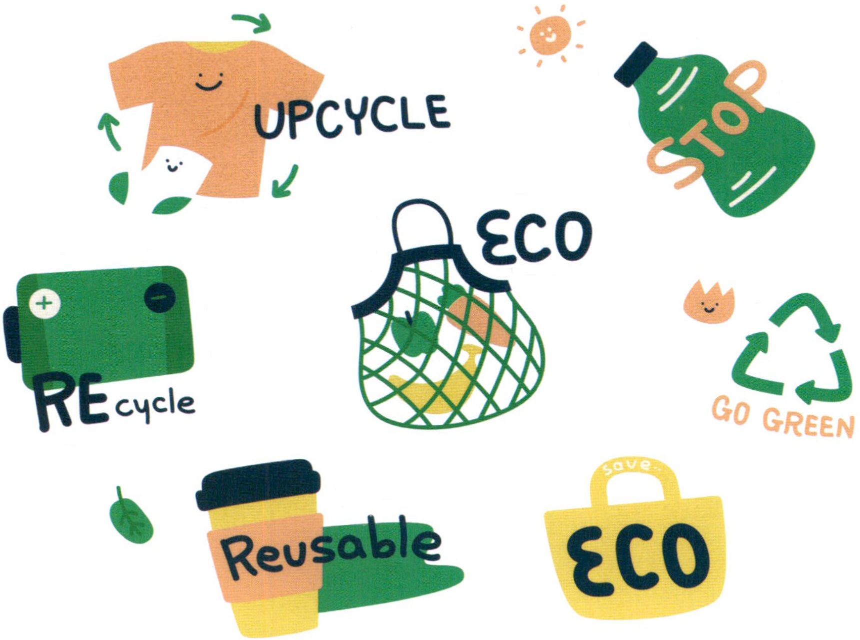
UPCYCLE
STOP
ECO
REcycle
GO GREEN
save..
Reusable
ECO

前 言

一切始于巴厘岛

2013年3月，我正前往印尼参加我父亲的婚礼。当时的我正经历着人生中的诸多大事：我开始了自己人生中的第一份全职工作，成为一名城市规划员，因为工作的需要不得不奔波往来于各大城市之间。不仅如此，我还要策划自己的婚礼，我的未婚夫，也就是我现在的丈夫，当时正在亚洲游历，于是我们约定在印尼的雅加达会面，一起去参加父亲的婚礼。说实话参加父亲婚宴这种事着实让人倍感压力，毕竟我和妹妹还从没见过父亲即将迎娶的这位准新娘，还有她的孩子，可现在这两个完全陌生的家庭就要走到一起了。

不得不说父亲在香格里拉大酒店举办的这场婚礼颇为壮观，现场可谓美轮美奂，极尽奢华。光是宴席上的菜肴就让我大饱口福，不仅有新鲜的寿司，火辣的印度咖喱，还有现场自制的甜点。在场的每个人都打扮得光鲜亮丽，我穿着一身修长的金色高定长裙，一头金发盘成发髻，脸上还化着精致的妆容，俨然一副走红毯的架势。在婚礼仪式上，父亲和他的新娘穿着传统的印尼婚服，上边俱是精美繁复的图纹装饰。仪式结束后他们又分别换上了晚宴的服装，父亲穿着男士礼服，而他的妻子，一袭长裙加身，我只能说宛如迪士尼电影中的公主，瞬间吸引了在场所有嘉宾的目光。雅加达的婚礼结束之后，我们计划全家前往巴厘岛来一场家庭度假，一来可以享受巴厘岛秀丽绝美的风光，二来可以趁机加深对彼此的了解。只是当时的我完全不承想，这趟巴厘岛之旅即将彻底改变我的人生，而且是全方位改变。

我们在雅加达停留了几天便启程飞往了巴厘岛。巴厘岛不愧是休闲度假的胜地，各种珊瑚礁石明艳夺目，水晶般的沙滩洁净无瑕，还有风吹麦浪，火山矗立，雨林繁茂，一幕幕美景下的巴厘岛宛如不染纤尘的人间仙境。其实早在我们购买机票之前我就打算好了，一定要去这个媲美"冰岛蓝湖温泉"的地方潜一把水。相关的照片和视频我早已在网上看够了，湛蓝的海水，艳丽的珊瑚，鲜活的海洋生物早已把我撩拨得心神荡漾。但是当我们真正潜到水底下的时候，我看到的却是完全不同的一番景象，海浪翻卷着垃圾，天真烂漫的鱼群与明媚艳丽的珊瑚之间悬浮着废弃的塑料垃圾。那时候我还完全不知道印尼居然是世界上往海洋倾倒塑料垃圾情况最严重的五个国家之一，当时的我就决定要做些什么改变这种情形。后来我才了解到原来东南亚各国往海洋里倾倒的垃圾其实大部分都是从世界上其他地方进口而来。

说起来可能有些天真，那时的我真的想要全世界都知道是我们的生活方式正在毁掉这些人间胜境。我当时的想法是我需要重回大学学习相关专业，然后成为海洋环境保护方面的专家——这是我唯一能做的比较有影响力的事了（你要知道，我已经在大学里读了不止 6 年了）。我当时觉得只有成为这个领域的专家才能改变海洋里垃圾成灾的局面，但现在回过头来看这并不是最有效的解决方式。没有人需要专门获得一个学位才能支持环保事业。而且要是我真的追求了这个学位，我可能就真的要等到成为专家才能做出一些有助环保的重大人生决策了。

与此同时，在巴厘岛度假的时候我也一直与家人们讨论着垃圾的事情。他们自然是表达了担忧，但我却将此事升级到了完全不同的高度，向他们（不管是自愿还是非自愿的听众）发出了振聋发聩的质问："垃圾是怎样进入海洋里面的？是游客们随意扔的，还是企业违法倾倒？行业在其中有何作为？我们又能做些什么？这件事情是要政府，还是企业，抑或是像我们这样的个体来解决？"这一系列的问题一直在我脑中盘旋着，挥之不去，然后又从我的口中喷涌而出。我很想激起家人对垃圾问题的关心，但我也知道在度假的过程中质问他们这些问题或许并非良策。只是整个旅途中仿佛有一团烈火在我心中熊熊燃烧，我知道它不会轻易离去，因为能够为这个星球做一些积极的事情并鼓舞启发他人做出改变是我一直以来的心愿。而看到巴厘岛的状况无疑是开启这趟环保之旅的关键所在。

可惜，不到 24 个小时，这一切的梦想就支离破碎了。当我正在忧心如何处理太平洋上漂浮的垃圾时，远在加拿大的挚友佩奇却正在想尽办法与我取得联系。当时我与未婚夫在巴厘岛"玩消失"——我们没有与其他家人同行，而是选择了二人世界，因此也就没有经常翻看手机。终于我的手机收到了一条来自佩奇的短信，接下来便是一条接着一条，一连串的短信轰炸而来。看完几条短信，我才意识到短信上的语气变得越发紧急，于是我赶紧回拨电话，想方设法联系挚友。恼人的是我们居住的便宜酒店 Wi-Fi 信号居然奇差无比，所以我不得不冲到酒店大堂以获取更好的信号。下楼原本寥寥数十级，可在那时候却忽然变成了百万级，我一边跑，一边想起佩奇的父母。"不会是他们出了什么事吧？"我心中不免担忧起来。或许是他们身体出现了什么问题？又或许是佩奇在家里遇到了麻烦事？然而，这些都只是我自己的猜测罢了，因为她的信息虽然语气紧急，但表达得不够清楚，不过这么急总归是有原因的。

总算接通电话了，或许是因为打的国际长途，信号时好时坏。电话里她让我先坐下来。"糟了！"我心中顿觉不妙。"到底发生了什么事？肯定不会是什么好事。"由于巴厘岛与多伦多的时差，我想这一个小时的通话对佩奇来说一定很煎熬吧。除了这个，我根本记不住我们的对话是如何进行下去的，我只知道当时我的脑子里一片模糊。电话里传来的消息远比想象的还要糟糕。我们的另一个挚友刚刚在一场车祸中丧生，她才26岁。闻此噩耗，我们片刻也待不下去了，立马乘坐下一趟航班飞回了多伦多。

至少过了一年我才从挚友离世的悲痛中走出来，于我而言那是一段深刻、黑暗又孤独的时光。可不幸的是，接下来的几年我又经历了更多的失去。当生活向你发了难，你想要从中恢复是需要时间的，我也并不后悔那些为了自我治愈而选择的逃避行为。哪怕当时满腔的热情因此搁浅了很长一段时间，我也不曾忘记在巴厘岛那一刻的觉醒。

在我悲伤的那段时间，我经常走进大自然，感受大自然。森林浴，这种借助自然的力量进行治疗的方式成为一种健康新趋势（我强烈推荐）。当我身处森林之中时我感觉无比治愈。身旁微风轻拂，鸟儿飞掠，树叶发出低低的沙沙声，时间仿佛都静止了，只留下我久久沉浸在自己的思绪之中。正是这样的时刻教会了我对当下的生活心存感激，也教会了我斯人已逝唯有珍惜那些美好的回忆。不仅这些，身处自然也提醒了人自身与自然的联系是如此紧密，可我们人类的所作所为偏偏没有意识到这一点。可以说，就是走进自然、享受自然的这段时间又重新激起了我的环保理想。

时间是治愈伤痛的良药。我开始慢慢恢复了精力，重新燃起了对环保问题的热情，又开始关注这个世界的状态。我开始观看环保主题的纪录片，阅读相关的书籍。细细数来，我看过的纪录片包括《地球脉动》《奶牛阴谋》《食品公司》《塑料海洋》《真正的成本》《洪水泛滥之前》，等等，不一而足。而我从图书馆借阅过的书籍也不在少数，比如安妮·伦纳德的《东西的故事》、威廉·麦克唐与迈克尔·布朗嘉特合著的《从摇篮到摇篮》、伊丽莎白·L.克莱因的《过度着装》、艾米·科斯特的《零废弃生活方式》以及娜奥米·克莱恩的《改变一切》等，诸如此类，不胜枚举。我了解得越多，我就越发想起自己在巴厘岛经历的那个足以影响我一生的重要时刻。不仅如此，我所看过的每一部影片，读过的每一本书，还有那些我在网络博客，社区活动，甚至是慷慨激昂的环保专家们（比如大卫·铃木、珍妮·古道尔以及大卫·阿滕伯勒爵士）那里获得的信息都在激励着我改变自己的生活方式，去过一种更关注环境的生活。这些改变一开始主要围绕着减少我的浪费展开，当然后来很快就有了更多的拓展。

随着我慢慢接受自己已经不同以往的生活，我的思想上也有了重大的觉悟：人生中就是有一些事情是我们无法掌控的，但同时也有很多事情是我们可以控制的。比如，我无法控制这世上到底有多少巧克力（肯定不少）在用它的美味引诱着我，但我完全可以控制自己吃进去多少。同样地，说到气候变化和环境状态，我们常常听到这样的论调，不管是减少碳排放、清除塑料垃圾，还是避免生态系统崩塌，这些责任都不应该落到个人的头上，相反，我们的政府部门应该勇挑重担，一手抓塑料吸管问题，一手通过立法救环境于危难。虽然我也赞同政府部门在塑造地球未来这件事情上扮演了重要的角色（这是肯定的），但我还是想问问这些批评人士："你有没有更新过自己的驾照？或者你有没有在其他申请业务上跟政府打过交道？"你等其有所作为，就好比苦等一幅油画干透，怕是要等一辈子了。

所以你明白了吗？与政府部门打交道是一个漫长的、复杂的又非常官僚化的过程。而上面所说的还仅仅是为了完成一件对个人来说非常简单的任务。所以，如果我们等着别人收拾好自己的烂摊子再来料理我们的事情，那我们可就有的等了。我这里并不是说我们就可以让那些管事的人当甩手掌柜了——毕竟管理部门的参与是很重要的，所以尽管给他们施压——而且我认为我们可以，也应该成为这个对话中的掌舵人，我们大可以通过我们的行动要求加快进程，快速解决问题。就拿一次性塑料吸管举例，你有没有发现自从海洋塑料成为一个全球关注的问题，加上成千上万的民众拒绝使用塑料吸管，塑料吸管就慢慢成了过去式？是的，我们完全拥有这样的能力。现在是时候接纳自己的这种能力，并掀起一些（没有塑料的）浪潮了！

显然，你选择本书一定是因为你也不想看见人类一同殒命在地狱之中，你也想为拯救人类的大业贡献自己的力量，这也是我不愿再在这件事的重要性上有过多言语的原因（你只需扫一眼报纸就自然对此十分明了了）。我们需要明白的是，我们个体的行动才是最重要的。当然我并不是说要大搞那种大型跨国企业（其实它们才是臭名昭著的污染者）组织的"反对扔垃圾"这样的运动，因为这些声势浩大的运动不过是将世界上塑料污染问题的责任转嫁到个体身上罢了，这一点也不酷。我们必须承认，我们身边的个体行动的确在环保问题上做出了重大贡献，尤其是当它们最终演变成了全球性运动的时候。更重要的是，就是这些全球性运动给政府部门和大型企业施加了压力，促使其拿出举措来解决塑料污染和气候变化这样的重大环境问题。就以环保少女格雷塔·桑伯格为例吧，2018年的时候她因为气候问题从学校罢课看似还只是一个简单的个人行为，但是仅仅一年后她的这种个人行为就变成了一场全球性运动,很快格雷塔就与世界领导人会面共同讨论抵抗气候变化的策略。我这里想说的是什么呢?我想说个人行动有时候也能够产生重大的影响,星星之火也可燎原!你现在还不想加入其中,行动起来吗?我想!虽然这本书关注的主要是个人生活方式的改变(比如拒绝塑料吸管),但我还是觉得很有必要思考如何将生活中的这些点滴选择与环境保护的宏伟蓝图结合起来(比如让快餐店接收到这样的信息然后停止提供塑料吸管,诸如此类的事)。关于个人生活方式和环保大业,我想说这并非一个做了这个就不需要做那个的选择问题,这是一件人人有责,人人参与的事情。

过去当我开始自己的零废弃之旅时我其实并没有清楚地意识到所有的这些减少我浪费的方式都会使我的人生变得简单,生活得到优化。不过可以确定的是过去这几年我的生活的确有了彻底的转变。相比以前,我现在做很多事都更有目的感(我肯定不完美,所以我说的是大多数时候),花钱也不再大手大脚。自从我开始了这种更有持续性的低浪费生活方式之后,我的生活还出现了一些意外的惊喜,比如,我吃得更健康了,遇见了不同的人并结交了新朋友,社区活动的参与度也变得更高(这是作为公民的责任)。不仅如此,我还学会了精打细算地过日子,不再一通乱买,也免去了事后懊悔。而我的家里也因为断舍离而变得更加清爽整洁，我自己也仿佛拥有了无尽的能量，做起决定来也是干脆利落，不再纠结。并且，能有机会激励他人活得更有可持续性也让我心中常怀感激（即便我还做得不够好）。像这样的惊喜还有很多，我生活中的一切事宜都变得目的明确，格外顺遂，身处其中或者说这样的生活本身给我带来无比惬意的感受。

怎么说呢，原本这样极简的生活是与我格格不入的，但是慢慢地这种生活变成了一种习惯，成为再正常不过的日子。我希望当你阅读本书的时候，这本书也能激励你改变自己的生活，让自己的生活少一点垃圾，这样你就可以体验上面所说的诸多惊喜了。对了，记住，请趁我们还能住在这个地球上的时候好好保护这个世界！没错，这句话就是跟你说的！

没人能够料到我最好的朋友会在一场车祸中死去，我也无法改变她的命运，但是并非人生中所有事情都是我们无法掌控的，有很多事是我们可以做的——尤其是在保护环境方面，我们完全是可以有所作为的。就在我去巴厘岛这一来一回中，我的挚友便永远地离开了我，但她的离去也让我更加坚定自己的想法，我要行动，以一种势不可当的劲头行动起来。

体验了人生的福祸难料，世事无常之后我更加觉得自己必须做些事情保护这个世界。我开始格外注重减少浪费，避免垃圾的产生。我这么做并非情绪所致，而是我有自己坚定的信念，既然转瞬即逝的一刻可以结束一个年轻人的生命，那么我的一个决定也应该有足以改变世界的力量。

别看只是一个小小的决定，但它却可以激励另一个人，然后再一个人，你还没来得及觉察，就早已有数以百万计的人下定决心不再使用塑料吸管或其他一次性塑料产品。当然，我也希望政府部门不仅要了解民意，更要在行动上引领示范，形成社会效应。也许这些目标听起来高大上，但有些人就是要有这样的奋斗目标！我相信本书将会帮你发现原来生活中做出一些小小的改变是再容易不过的事情，而这小小的改变却能让你对世界的影响发生巨大的变化。让你的生活轻一点吧，从现在开始，一点一点改变！

你的"轻质生活"挑战

你准备好迎接你的"轻质生活"挑战了吗？关于本书我们先来一睹为快吧。本书一共 12 章，每个章节都是围绕一个与低废生活相关的特定主题展开，这样可以方便你在一年中逐月进行实施。每当你开启了低废生活新的一面时，你都在这条改变之旅上树立了一座里程碑，日积月累，你终将大有作为。但如果你觉得逐月而为这条时间线不适合你，你也完全可以加快或放慢脚步。

关于本书，我的建议是你先从头到尾通读一遍，然后再回过头来开始你第一章的旅程。无论你是如何开展本书的阅读的，我都可以向你保证只要你真的将其用于实践，你就一定会看到效果。需要给自己来一句激励的话吗？每次做决定的时候牢记这句话就好："让生活轻一点！"在书中我将为你提供许许多多的点子帮助你开启你的轻质生活，但归结起来，这个项目其实非常简单：那就是尽可能地减少浪费。你会发现你有时候会浪费，产生很多废弃物，有时候又不会，而这本书将会帮你不断向着轻质生活迈进。只要你能切实地在生活中做出改变，至于结果，一定是你过上了一个更少浪费、更多快乐且更有目的感的人生！

接下来是本书的基本要点介绍：在本书的第一部分，我将帮你把自己生活中的这些糟心事都整理出来。这个部分是非常重要的，因为它为你全年计划的成功奠定了基石，它使你重新认识清减（Reduce）、再用（Reuse）、循环（Recycle）3R原则的真正内涵（见第一章）。你将制定自己的低废弃目标并且弄清楚为什么要开启这段旅程。之后当你开始反复，重返老毛病的时候你也许又要思考开启这趟旅程的初衷。第一部分中最有趣的部分（至少我是这么认为的）就是"极简主义"与"断舍离"（见第二章）。在这一章中你将大刀阔斧地舍弃你生活中不必要的东西，这样你便踏出了轻质生活之旅的第一步，要知道减少废弃的一个重要部分就是一开始不要拥有太多东西。而且为了避免再度脏乱差，你要学会如何成为一个理性消费者（见第三章）。

第二部分才是本书的真正精华所在。在这个部分我们将提供四种策略帮助你减少生活中的废弃物（想想那些烦人的一次性塑料制品），包括厨房（见第四章）、浴室和橱柜的清洁（见第五章），甚至是你的衣柜（别再因为衣服不够时髦而不停地购买和丢弃了，见第六章）。等等，你是说你的衣服确实过时了？这点我们需要好好聊聊，因为垃圾场里全是堆积如山的衣物垃圾。不过这事无须担心，还有我呢！

在本书的第三部分我们将探索如何实现轻质生活，同时又不至于脱离现实。毕竟，搬到森林去住或者远离人间烟火断绝与他人的往来不是我们计划中的一部分（如果你是这样的话我会为你鼓掌，但我并不提倡）。你要学会如何拒绝，但同时也要学会如何礼貌地拒绝（见第七章）。当生活中的一切都开始向着最好的方向发展时，你还是需要学会与所爱之人一起解决问题，他们可能会增加你生活中的废弃物，或者增加你减少废弃物这件事的难度（见第八章）。学完这部分将确保你不会成为别人的眼中钉肉中刺，相反你还能找到方法激励身边人。如果你的朋友或家人不想加入你的计划，让你感觉有点孤独，我也会分享一些找到志同道合的人的方法（见第九章）。

至于本书的第四部分，我们主要讨论的是如何在生活开支上做好规划和预算（低废生活就是反对铺张浪费，帮你省钱——这些技巧你在第十章可以学到）。如果你真的很想探索极简主义，管控好自己的花销，你可以试试"零购物月"（见第十一章）。说实话，实在没有必要把自己弄到破产那步田地，我们完全可以量入为出，精打细算地过日子！在这个部分你将养成合理消费的思维模式。

本书的第五部分是对全书的总结，并且志在帮你走得更远，获得长期的成功，这样你所做出的改变就并非局限于一年的轻质生活，而是形成长期的生活习惯，通过自己的实际行动来拯救地球以及不断突破自己，追求卓越了（见第十二章）。

最后我想说的是，低废生活是一种平衡的艺术。我早已接受并非自己做的每个决定都是完美的。因为生活方式不够可持续性我已经受到了太多的批评，我想你或许也一样。对于这些批评人士，我想说我已经读过了马克·曼森的《不在乎的精妙之处》，所以如果你不喜欢我的方法，我一点也不在意（我说这话的语气是充满爱的，相信我）。我已经找到自己的方式确保这些批评人士无法让我放弃自己的使命，我建议你也可以这么做。你要牢记你的这趟减少废弃之旅只是你自己的事，一旦你发现哪种方式适合你或者哪种不适合你，并且决定怎么做了，那么别人的想法就无关紧要。记住这不是一场比赛，你也无须在社交媒体上与别人比个高下输赢。一切不过是在你自己的生活中做出低废弃的选择罢了，什么网络喷子都让他见鬼去吧！

准备好开启一年的"轻质生活"之旅了吗？现在就是你的闪光时刻。是时候站起来为可持续性发展发声了！努力给这个地球带来积极的影响吧！个体的行动很重要，而你的所为将会证明这一点！

目 录

目录

第一章 轻质生活第一课 001
定义低废生活，寻找出发动机，学习 8R 原则

第二章 极简主义与断舍离 026
扔掉垃圾，而不是用更多垃圾替代

第三章 理性消费 072
买得更少，买得更好

第四章 清理储物架 107
"谢谢！不需要袋子！"厨房零废弃购物与清理储物架

第五章 简化美容护肤和清洁用品 142
告别满满当当的洗漱用品袋与所有塑料瓶瓶罐罐

第六章 重复穿搭 169

清理衣柜，培养穿衣风格，与快时尚说拜拜

第七章 巧妙拒绝的艺术 191

发现说"不"的乐趣

第八章 家人与朋友 209

如何避免成为一个"无所不知"又"好为人师"的人

第九章 你并非孤军作战 224

在现实和网络中找寻志同道合的伙伴

第十章 钱很重要 239

打破"零废弃生活方式会让你破产"的谣言

第十一章 零购物月 255
比你想象中更容易实现

第十二章 结语 267
定义你的遗产

后记 278

致谢 280

· 第一章 ·

轻质生活第一课

定义低废生活，寻找出发动机，学习 8R 原则

重要的事先说

如果说本书的读者都有一个共同点,那就是你们囤积了太多杂物。大多数人都是如此。清理家中杂物自然也是我减少废弃的第一步。我和丈夫是在我家乡的大学里认识的。2014年结婚后,我们都找到了新工作,搬回了我的家乡。所以,我们的新家不但藏有婚礼上收到的大量礼物,还积攒了我们从童年到大学的各类物品,大量杂物就这样留存了下来。说实话,很多都是我的,我甚至还留着高中时的笔记本、课本和快被塞爆的活页夹。

然而,我扪心自问是否还会看这些课本或笔记,答案很肯定:"不会。"所以,我捐了课本,其他纸质杂物则是直接丢进回收箱。那一刻真是解脱!虽然摆脱了这些负担,我之前丝毫没注意到自己这么多年来一直被这些杂物拖累。当你保留这些杂物,就会产生期望,觉得必须物尽其用。但事实是,你永远不会再有这种想法,因为你总有更重要的事情要做。清理了过去的那些杂物,实质也是解除了它们施加给自己的心理负担。

那么,断舍离对于轻质生活意味着什么?对我来说,两者的共同理念就在于极简主义和轻便生活。在成长过程中,你有没有听老师和父母说过"清减(Reduce)、再用(Reuse)、循环

（Recycle）"3R 原则？我就经常听见，而断舍离和极简主义就与这第一个 R 密切相关：清减（Reduce）。所谓清减（Reduce），就是通过减少消费来减少自己对"东西"的需求，反过来，需求少了，自然也减少了因为产品生产而产生的废弃物。而作为一种生活方式，极简主义则是一开始就需求很少。为什么要将断舍离纳入轻质生活的范畴，是因为它能让我们在一开始就拥有全新的面貌，让我们能够摆脱身心的束缚。但要注意的是，极简主义的生活方式很容易跑偏，如果你接受了一种所谓的新式极简主义美学理念，那么你很可能又迈入了另一个消费主义的陷阱。关于这个我们稍后在书中会进一步讨论。

不管你是喜欢近藤麻理惠倡导的"怦然心动整理法"（KonMari Method）问问自己你是否真的"怦然心动"了？还是一直遵循"极简主义"所传授的方法，想要将那些无用的杂物从你的生活中清除出去这件事有太多办法可以实现。但无论用什么方法，有一点意识是共通的，那就是我们并不需要很多东西才能够过好生活。而且当你不再迷恋这些东西的时候你就会恍然大悟，原来这些东西都是要花钱的！因为我们对物质的欲望实在是过于强烈，所以在第二章我们要花整整一个月学习极简主义与断舍离。

"零废弃"与"低废弃"

本书的理念源于"零废弃生活方式运动"。话虽如此,以我们目前社会的状况,完全"零废弃"几乎不可能实现。那么,零废弃到底意味着什么呢?零废弃国际联盟(The Zero Waste International Alliance)将"零废弃"定义为:

……通过可持续的生产、消费、再利用,回收循环产品、包装,杜绝材料焚烧,避免向陆地、水域或空气中排放威胁环境和人类健康的废料等方式,来节约一切资源。

像这样的话听起来固然很好,但这和我们普通人又有什么关系呢?上面的"定义"有助于相关政策和法规的制定,但却过于技术化,个体难以与之产生共鸣。鉴于此,"零废弃生活方式运动"呼吁每个人都要尽可能地避免浪费。你可以把自己想象成电影《黑客帝国》中的里奥(基努·里维斯饰),他在矩阵中躲避子弹!而你,是在现实生活中躲避垃圾!我们生活在一个被垃圾轰炸的环境中,很多时候又不可避免地成为一个"垃圾消费者"。然而,当我们放慢脚步,仔细审视日常生活中的物品时,我们会发现自己其实完全可以避开一次性用品,避免购买过度包装的产品,甚至最后扔进垃圾箱的垃圾也可以比我们最初料想的少得多。

当我开始在家里进行断舍离的时候，我其实并没想着要减少废弃，也没料到自己即将成为"零废弃"这种次文化运动的一员。如今，"零废弃"已经成为热点词，网络上流行的"零废弃"意味着将整整一年的垃圾塞进一个小罐子里，博主们会在社交媒体上分享自己那引以为傲的小垃圾罐，零废弃生活的忠实拥护者们也已经开始在网上极力推广。当然，对于一些人来说，这是一个值得追求的理想生活方式，但对于我们大多数人来说，这往往是不切实际且很难实现的。从表面来看，它就像一个入会仪式，用来区分真正的环保主义者和仿冒者。尽管我也尝试了下，但我真觉得自己与垃圾罐这种东西无法产生共鸣。

就好比节食界有极端饮食，比如生酮饮食、阿特金斯饮食和原始饮食等，零废弃生活方式运动也有一些极端模式，在我看来这小小的垃圾罐子就是其中一种，因此这种形式绝不是本书所倡导的。本书想要做的是教会你一步一个脚印——逐月减少你生活中的废弃物，直到形成完全适合你生活的低废弃模式，这样下来你所做出的改变就是持续性的。如果你想跑超长马拉松而我们其他人只想跑个5公里，那么我也一定会为你加油呐喊的。但是如果说我从自己的零废弃之旅中得到了什么感悟，我想应该是生活在现代社会真的压力好大，想要进行彻底的零废弃真的好难。除了很明显的一点，要做到零垃圾产生真的太难之外，罪恶感也是一个重要的因素。要是我不小心晕了头，发现自己还在用包装袋或标签（甚至更糟，使用了塑料袋），我就会感觉自己特别虚假。好吧，我患了"冒充者综合征"[①]，我实在是不能承受那种压力，但我这里并不是指责你，如果你哪天在自己的口袋里发现了口香糖包装纸的话。

我想我是时候坦白了，尽管我成立了一个叫作"零废弃小站"的生活方式网站和品牌来激励他人减少生活中的废弃物，但我自己却并非一个完美的零废弃执行者，所以"低废弃"这样的表达或许更恰当，但我有时更倾向使用"零废弃"这样的词语是因为这是我们朝着循环经济奋进的理想目标，而这种毫无废弃的经济是我全身心支持的。

归结而言，低废生活其实是在为后代们打造一个更好的环境，同时也是为与我们共享这个星球的动植物们留下一个更好的生存环境。因此，出于书中所述的这些目的，这里要将"轻质生活"做如下定义："按照与你的生活环境和预算相匹配的方式来减少

[①]"冒充者综合征"：又称自我能力否定倾向，是指个体按照客观标准评价为已经获得了成功或取得成就，但是其本人却认为这是不可能的，他们没有能力取得成功，感觉是在欺骗他人，并且害怕被他人发现此欺骗行为的一种现象。

——如无特别说明，本书脚注均为译者注

你生活中的废弃物。"或许不同于别的书,这是一本"做你自己"类型的书,即便读完本书后你只做出了为数不多的长久改变,那你也是成功的。

废弃问题

我们的生活中之所以出现这么多废弃物很大程度上是我们当前追求便利的生活方式造成的,这种生活方式也只是20世纪50年代才出现的,从那时起开始冒出各种一次性塑料制品和其他一次性用品。二战之后,各国急于提高生产力和消费力,实现经济复苏,于是出现了一种单线型的经济模式(提炼—生产—购买—抛弃—重复)。这是一种毫无节制的系统,为了满足这种系统的需求,市场开始向我们兜售一种简单粗暴的生活方式——用完就扔,生活轻松,而我们居然就买单了。不仅如此,我们还享受其中!快餐连锁店如雨后春笋般迅速崛起,越来越多的人油门一踩直奔快餐店,然后买了快餐大快朵颐地享受着这种便捷与自由,把辛苦烦琐的洗碗工作彻底甩出生活。然后忽然之间,这种一步到位的生活方式很快就成为主流。(我虽然没有亲历这个转变的过程,但从我所读过的文献来看一切发生得非常快)而现在,我们就进入了21世纪,随手一扔这种事早已司空见惯,习以为常,仿佛不制造点垃圾都不正常。

有计划废弃一些产品也不再是秘密。你知道"花裤子/高级货(fancy-pants)"这个词是什么意思吗?它指的是我们买的这许许多多的东西,从家具用品到汽车,再到生活用品和电子产品,它们的使用寿命在设计之初就被刻意缩短。如果这些产品使用寿命不长,我们就不得不购买更多的垃圾产品进行替代。想想经济大萧条时期你祖母家厨房里的炉子,它可能建得跟个坦克似的,像是要扛住一场生死决战,让你能使用一辈子。可如今大多数的炉子都不会再建成那个样子了,因为设计者不想让它们拥有那么长的使用寿命,这样就可以经常换新的了。不幸的是,20世纪90年代初期至中期,市场为了增加营业额和利润导致这种方式开始盛行,直至今日依旧势头不减。通过弱化产品的部分组件缩减产品的使用寿命是"计划性报废"最常见的形式之一,但这些唯利是图的企业为使我们不停地买买买,扔扔扔,它们的手段可不止于此。

- **功能:** 产品被设计成容易损坏。厂家不再设计那种经久耐用的产品,产品变得很容易损坏或出现故障,这样厂家就可以卖出更多的替代产品,收获更多的利润。就这样,你的钱包就被掏空了。

·**风格：** 流行趋势总是变得非常快，上个季度，甚至上个月的服装转瞬就过时了，所以我们总感觉需要清理自己的衣橱以便放进更多潮流新款。你的衣橱也一样吗？如果是的，我想说你并非一个人。

·**软件升级：** 你是不是每几年就感觉自己的电脑还有手机的硬件跟不上软件升级，需要换新？没错，这也是"计划性报废"的一种，就因为这个全世界多了5000万吨废弃电子产品垃圾。

如果你曾思考过为什么将一个仅仅用了几个月不到的烤箱换掉，那么你也察觉到了"计划性报废"圈套。这个烤箱从你买它的那一刻起就注定了扔进垃圾堆的结局。因为它原本就被设计成易坏品，促使你将来买个新的替代它。就算我们有些人愿意花时间去修理，或者请人修理，可有些东西就是故意被设计成难以维修，让你无计可施。一旦产品难以维修，我们（消费者）就别无选择，只能买新的。所以为了打破这种恶性循环，减少垃圾的产生，一开始我们就要买那种经久耐用的产品。

如今我们生活在这个一切为了方便，到处充满垃圾的世界，此事并非我们自己造成的，相反，我们生来这个世界就是如此，而且早已习惯了这种"提炼—生产—购买—抛弃—重复"的模式。很不幸，虽然我们不是这件事情的始作俑者，但是我们却不得不去收拾这个烂摊子。只是过往的事情我们已经改变不了什么了，那现在我们又能做些什么呢？有什么是我们可以控制的呢？答案是我们自己。我们可以决定（大多数时候）自己如何生活，如何为构建一个低废弃的未来而合理消费。

尽管如今想要买到经久耐用的产品变得越来越难（市面上太多垃圾产品了），但仍不是没有可能。互联网的出现让信息变得唾手可得，我们也有机会对自己购买的商品多一点调查研究，我们可以借助网络了解厂家商家，了解它们的生产资质以及保修政策，甚至还能浏览其他买家的评论。借助本书提供的工具（尤其是第三章"理性消费"），你就可以成为一个谨慎的买家，任何"计划性报废"都逃不过你的火眼金睛。从此你就再也不会被骗了，我的朋友。

让我们先预览一下接下来这章中会出现的主要内容，这些内容将会是奠定你这趟低废弃之旅的基石，它们分别是：进行一次废弃审查；重学 3R 原则——清减（Reduce）、再用（Reuse）、循环（Recycle）；学习更多 R 原则——腐坏（Rot）、拒绝（Refuse）、修复（Repair）、多目的化（Repurpose）以及重新思考（Rethink）；找到你出发的理由。从现在开启你的"轻质生活"之旅吧！焕然新生，从此起航！

进行一次废弃审查

在你准备开始你的"轻质生活"之旅前,首先要做的一件事就是了解自己在生活中创造了何种垃圾,只有这样你才能知道什么样的改变才能最有效地减少你生活中的废弃物,甚至一起清除几种废弃物。毕竟老话怎么说来着,不多学点你连自己不知道什么都不知道!为了做好这次废弃审查,你需要收集这一个月来你生活中产生的所有垃圾,可回收的、用来堆肥的也都不能放过,然后对它们进行分析,彻底弄清楚你在家创造了什么类型的垃圾。一个月的周期足以弄清楚你扔掉的那些垃圾有哪些常见类型,但如果你只花一周时间来做这个事情,你很可能错过一些垃圾类型。这个活动的目的是帮你找到今后需要努力的方向,能够做到更有针对性。

但在这之前有一点很重要,那就是你需要了解当地的垃圾管理系统。尽管这个听起来有些无趣,但是一旦你熟悉了什么能往回收箱和堆肥箱(如果你们那里用这两个东西的话)里扔,什么不能的时候,你很快就会发现自己产生的垃圾远比想象的多。举个例子,罐子里残留的花生黄油酱要是沾到了硬纸板上,那这张被弄脏的纸板就无法被回收了。这就是为什么容器在被扔进回收箱之前一定要先清理干净。同时你也要清楚什么样的垃圾是有毒垃圾，哪些东西是你需要自己扔到垃圾场的，又有哪些是有专人来进行收集的。

你可以在你所在城市的官网上，或者当地垃圾管理部门开发的手机 App 上，找到垃圾分类的所有信息。如果你通过这些渠道还是无法获取相关信息，你可以尝试打电话进行咨询。你可以把这些垃圾分类名录信息打印下来贴在冰箱上，这样你和家人就可以时时看见，垃圾分类工作自然也就变得容易得多。

为了更好地完成你的废弃审查工作，你可以在笔记本上画一个列表或者在电脑上建一个新的空白表格。然后从上到下将生活中的垃圾进行分门别类，一一归档。你要确保你的分类标准与你所在城市的垃圾分类标准是一致的。一旦你开始建表，不管是在你的笔记本上、手机上还是在电脑上，整个过程你都要遵循下面的步骤进行！我的表格如下：

垃圾场	可回收	有机物	有毒垃圾

1. 设定一段时间（例如，一个月）来对你的垃圾进行审查（不然你的审查将没有尽头）。

2. 邀请所有的家人或室友加入讨论，这样你可以集思广益，共商解决方案了，同时大家也会对你的方案买账。

3. 每次处理废弃物品的时候，都在相应的条目下做好记录，或者戴上手套，把那些已经被你塞进垃圾袋或垃圾箱的垃圾都翻出来一一分类，然后登记到列表相应的条目中。

4. 对你记录的结果进行分析总结，这样就可以弄清楚每个条目下究竟产生了多少垃圾。

5. 然后反思下面这些问题：

· 你扔的最多的垃圾是什么？

· 现在你已经了解了你的回收系统，有没有什么办法可以减少扔到垃圾场的垃圾而更多地对垃圾进行回收利用？

· 接下来的这一年里为了过上"轻质生活"你要实现什么目标？

· 有没有什么办法可以减少你扔进回收箱的垃圾数目？

6. 把这张废弃审查表的结果好好保存，这样当你继续阅读本书的时候你就可以随时知道自己最需要在哪些方面努力。

7. 在这次"轻质生活"的挑战结束后再进行一次废弃审查，

然后把两次审查结果进行对比，这样你就可以看见自己的成功了。

垃圾审查其实可以持续进行，反复进行。比如你可以每年，甚至每半年进行一次家庭垃圾审查，这可以帮你看清自己是否成功地减少了生活中的垃圾。你还可以从你的垃圾审查中了解你当前的垃圾产生习惯，这对你迈向低废弃的生活方式也是大有裨益的。举个例子，如果你的弱点是爱吃外卖，那么你在表单上也能清楚地看到这一点，因为上面清楚地记录着你每一次扔掉的外卖盒，然后你就可以把这个作为你减少垃圾的攻克方向。

本书接下来的部分将会帮你打造自己的低废旅程地图，助你快速走上"轻质生活"的康庄大道。这次废弃审查为你的"轻质生活"挑战奠定了知识基础，你可以借助这些知识最大限度地改变自己的生活方式，然后看看自己改变之后又会产生哪些积极的结果。但愿一年的挑战结束之后，你扔到垃圾场的垃圾会少之又少（当然扔进回收箱的垃圾也一样）。

重学 3R 原则：清减（Reduce）、再用（Reuse）、循环（Recycle）

我还在读二年级还是三年级的时候我所在的城市进行了一场

声势浩大的堆肥运动。当我的城市开始引进这个项目时，所有的垃圾都是用袋子分类打包好，有一个干净的袋子专门用来装垃圾场垃圾，一个蓝色的袋子装回收垃圾，还有一个绿色的袋子用来装堆肥垃圾。这些袋子都是透明的，这样你有没有正确对垃圾进行分类，城市工作人员就一目了然。要是他们发现你没有做到正确分类，就会在袋子上留一张纸条，告诉你如何正确进行垃圾分类。第一次没做好垃圾分类，你就必须再做一遍，这种事的确让人不爽，但这却是一种让你学会垃圾分类的好办法。

我还记得垃圾分类转型开始的时候，城市工作人员还打扮成三只巨大的泰迪熊的样子，分别代表三种垃圾类型，然后跑到我们学校教我们小朋友如何进行正确的垃圾分类，同时还向我们传递了3R原则：清减（Reduce）、再用（Reuse）、循环（Recycle）。虽然这种行为有些刻意，但它的确有效，毕竟几十年过去了我现在对当时的情景还依旧记忆犹新。

事实证明城市工作人员当时为了宣传3R理念做的推广是正确的，因为直至今日3R理念还是具有重大意义。可实际生活中，哪怕是像我一样很早就接触过3R原则，对其了解得很清楚，也很可能在日常生活中根本没有将其付诸实践。所以，我觉得很有必要重新学习一下3R原则的基本内容：

1. 清减（Reduce）：把这个放在第一是有缘由的。如果你减少消费，自然产生的垃圾就少很多。就这么简单。虽然说起来简单，但实际做起来就没那么容易了。清减既包括减少你拥有的东西，降低你的需求，还包括减少你不断扩张的消费。举个例子，如果你对自己的衣橱进行一番断舍离，这就是减少拥有的东西。然而，为了保持你衣橱的干净清爽，你必须同时减少以后购买衣服的量，否则很快你就要重新对你的衣橱进行断舍离了。另外，于地球而言，通过减少消费来进行清减也是更有益的，因为你要消费，就需要从地球获取必要的资源进行生产，一旦你减少了消费，自然也就减少了对地球资源的依赖。总之，你清减得越多，你将来要再用和循环的就越少。

2. 再用（Reuse）：彻底抛弃各种一次性用品，选择重复利用！熟悉零废弃运动的人应该脑海中经常冒出"选择重复利用，拒绝一次用品"这样的话吧，但说来容易做来并不简单，尤其是当你匆忙赶路边跑边吃的时候，或者当你下班后临时决定去购物的时候，除非你提前准备好自己的零废弃箱子，否则你总会不小心或不得已使用一次性物品。那零废弃箱子里面都有些什么？其实这取决于你。箱子里可以包含你需要的各种可重复使用的物件。下面是一些我放在随身携带的手提包里的物品，以备不时之需：

- 水壶
- 咖啡杯
- 吸管
- 餐巾
- 手帕
- 常用工具
- 筷子
- 食物容器/罐子
- 购物袋
- 果蔬袋

其他可以重复使用的方式还包括使用你已经拥有的东西，或使用别人用过的东西而不是去买新的。简单来说就是重复使用已经被生产、制造和消费的东西。可以重复使用的选项包括购买二手商品，向朋友、邻居借用或借给他们使用，和家人朋友以物易物进行交换，租借工具(比如电钻)和特殊设备(比如地毯清洁机)，如果一定要买的话，也要购买那种可以重复使用、经久耐用、能够维修的产品。重复使用可以有效抑制过度消费，减少包装垃圾，不仅可以使我们远离没用的垃圾产品，帮我们省了钱，还能帮助我们不再依赖像咖啡杯和吸管这样的一次性用品。

3. 循环（Recycle）："但是我回收了啊！""我也循环利用了啊！"每当我分享自己的低废生活方式时总能听见这些话语。没错，回收是很重要，但这不是从根本上解决垃圾问题的办法。不幸的是，世界上大多数国家的垃圾回收率都不尽如人意，以至于很多被你扔进回收箱的东西最终还是堆积在垃圾场，等待被焚烧的命运，要不然就是沦落成危害自然环境的杀器。如果你真的想要减少垃圾，最好的办法就是尽可能地少扔，不管是扔进垃圾桶还是回收箱。如果你实在要把东西扔进回收箱，也最好扔那些在你们当地可以很好回收利用的，你可以给你们当地的垃圾管理机构打电话进行咨询。还有一点需要提醒你，那就是越简单的材质越容易被回收（比如纸、铝和玻璃）。可惜如今很多包装产品都是由纸、塑料和金属等各种材质组合而成，当这些不同材质的东西合在一起就变得很难回收，因为回收起来不仅难度大，成本高，能耗还不低。

牢记 3R 原则可能是大家减少垃圾产生最简单有效的办法了。本书的读者大多数可能早就对此了然于胸，那现在正是将其再次付诸实践的时候了。如果你的想法不止于此（我知道你想要的不只如此，不然你也不会读这本书！），那就让我们更深入一点，了解帮助你走向轻质生活的更多 R 原则吧。

学习更多的 R 原则：腐坏 (Rot)、拒绝 (Refuse)、修复 (Repair)、多目的化 (Repurpose) 和重新思考 (Rethink)

说到减少垃圾，其实远不止 3R 原则，我们完全可以增加好几个切实可行的 R 原则。事实上，尽管其他的几个 R 原则并非我们从小到大耳熟能详的核心原则，但在一些没必要涉及 3R 原则的地方它们仍旧大有益处。

4. 腐坏（Rot）： 腐坏其实就是堆肥，不过是另一种说法罢了。在减少垃圾堆积方面，堆肥是一个极为重要的手段，因为有机物（比如食物残渣和纸巾）如果和其他垃圾混在一起，当它腐坏的时候就会产生一种有毒的甲烷气体（这是一种导致气候变化的温室气体）。如果厨余垃圾能够被轻易回收进行堆肥，那么就一定不要把它们扔进垃圾场。进行堆肥处理后的厨余垃圾将会变成营养丰富的肥料，可以用来给农业或者家庭园艺进行施肥。尽管有些地方政府提供垃圾堆肥这个选项，但你还是可以在自家后院或公寓阳台，甚至在你家洗菜盆下选用合适的箱子自己进行堆肥。在第四章我们会深入聊聊有哪些可行的堆肥方式，但是现在，你需要牢记在心，千万不要再把有机垃圾随意扔进垃圾箱了。如果要问这么做最大的好处是什么？那就是一旦你养成了堆肥的习惯，你产生的垃圾就会显著减少，你对环境的伤害也会明显降低。

5. 拒绝（Refuse）： 拒绝就是对那些不必要不想要的垃圾产品说 No! 第七章整个就是讲的这个。这也与 3R 原则中的清减原则是一致的，但更像是清减原则的先行原则，也就是说，要想减少废弃物的产生，我们从一开始就要学会拒绝。我们要拒绝那些垃圾邮件、没用的订阅、一次性塑料制品、廉价的赠品和无聊的标本。自从我在邮箱上贴了一个"拒绝垃圾邮件"的标识，我就再也没有收到过当地免费的报纸了，因为反正我们不读它，收了只是徒添垃圾。开会时免费发放的那些袋子我也懒得去拿，酒店里提供的小包装洗浴用品我也不去使用，都是自己带，我相信你也可以！

6. 修复（Repair）： 由于"计划性报废"的盛行，坏了就扔，宁买不修的现象早已见怪不怪了。这主要是因为维修替换部件和人工费用太高了，还不如买一个新的划得来。可我还是建议你购买那些可以维修的产品，或者尽可能修复你现在拥有的东西，因为只有这样才能够减少你的消费，也减轻垃圾的清理问题。在我们社区，当地的工具库就有"维修吧"，那里经常有手艺人免费帮你修理坏掉的物品！你可以在你当地找找是否也有相似的资源可供利用，如果没有，你自己也可以开设一个。总之，为了减少垃圾，"坏了就扔"应该是最后的选项，不得已才为之。请一定维修为先！

7. 多目的化（Repurpose）：在减少废弃这个领域，多目的化这个词已经不是它原本的意义了，现在它基本表示升级改造的意思，指的是利用废弃材料创造新的用途。从收集和利用红酒瓶软木塞来制作墙面艺术到复活老旧的木窗框架制作一面具有乡村风格的镜子，像这样通过创意改造令老旧物品焕发新生重获喜爱的例子数不胜数。下次当你不知道如何处理老旧物品的时候，想想是否有什么办法可以对它进行改造，让它不至于沦为垃圾。不过，有一点要记住，对老旧物品进行升级改造不是为了把没用的东西换种方式藏起来。如果你想不出有什么别的用途，就不必强行对其进行升级改造，你完全可以把它送给别人，或许别人正需要呢！

8. 重新思考（Rethink）：上面所说的所有原则其实都是通过新的方式来减少垃圾的产生。说白了就是用全新的眼光审视我们生活的物品，用全局的眼光去思考我们所购买产品一生的轨迹（从提炼到生产再到废弃），以此来检视我们的消费习惯，因为正是我们的消费习惯最终导致了垃圾的产生。当我们开始反思自己的生活方式，改变自己的生活习惯，站在垃圾产生的视角审视自己的生活时，我们才更容易减少生活中垃圾的产生。可以说正是不断地进行反思才让我们能够更好地运用其他的原则，成功地迈向低废生活。

找到你出发的理由

我多希望有那么一个开关，只要我一拨动它，或者只要我打个响指，然后世界上的所有人就突然变得关心可持续性生活。在这件事情上，政府部门需要给出政策，建立法度，确保企业和市民在生产生活中尊重人类、尊重地球。政府需要运筹帷幄，掌控大局，通过建立体系让市民更轻松地过上更环保的生活，只有这样，轻质生活才能迅速成为常规！

只可惜，我无法仅靠拨动开关就让所有人，甚至是让你，瞬间变成环保积极分子。当然，我可以告诉你所有减少垃圾产生的办法，从而减少你对气候变化的影响。我也可以告诉你减少垃圾对保护资源和降低污染的好处，以及对社区团结的促进作用，但是如果你不是真心愿意做出改变，那么你恐怕难以在生活中去改变，至少不是长期的改变。

我不想左右别人的想法也不想对别人的生活发表意见。究竟什么才是重要的？是否要进行改变？改变什么？这都完全取决于他们，也取决于你。我可以同你分享我摸索出来的绿色之路，但你究竟选择如何前进最终还是取决于你自己。

你可以花点时间认真想想，你为什么拿起这本书？我猜你想生活得更具有可持续性对吗？但是如何实现呢？你的动机又是什么？你想要改变什么？是尽你的一份力降低气候变化的速度还是减少塑料垃圾保护地球海洋生物？又或者你想要做出改变的一部分理由仅仅是关注自身？这些都可以。如果你想的就是一边拯救这个世界，一边还能省钱（毕竟预先包装好的食物贵很多）或者减肥（比起新鲜未加工的食物，预先包装好的食物没那么健康），尽管用这些作为理由。

不管你是基于什么理由想要做出改变，请一定确保你是真的在意这个理由。因为只有理由足够重要，你才能拥有足够强的动力去开始、去继续每个月小小的、逐渐增强的改变。因此，请一定花一两分钟思考清楚。我的觉醒时刻是在巴厘岛，你的又是在哪里呢？

即便是你有了很好的理由去做出改变，在真正执行的过程中也仍旧还是有很多你想要回头的时刻，你会忍不住想要回到以前的生活习惯。并不是说那些旧习惯就一定轻松容易些，但是那些是你长期以来不停重复的动作，它们早已成为一种潜意识的行为，自然会让你觉得做起来更容易。如果你觉得自己没有动力了，采用下面这些建议就可以帮你继续走下去。

自我教育： 坚持学习！这个世界上没有人是无所不知的，所以你永远有东西可学。对于自己热爱的事情你要一直不断地去学习去了解。

提醒自己不忘初心： 一旦你确定了自己的所爱，明白自己做这件事情的初衷，你就要在自己想放弃的时候坚守住（可能你时不时就会有放弃的念头）。你要记住自己为什么开始。每当我想要松懈的时候我就会再看一遍纪录片《塑料海洋》，提醒自己为什么要尽可能地减少使用一次性塑料制品。

创造自己的激励话语： 在日常生活中，为了快速提醒自己不忘初心、记得自己正在做的事情，你可以设计一个激励话语来作为日常激励和提醒，比如"少即是多！""为了地球！"甚至"让生活轻一点！"。拿我举例，每次要消费的时候，我都会提醒自己"买少一点，买好一点，拒绝一次性！"。尽管这些话听起来有些过于简单，不能覆盖我打算减少垃圾的方方面面，但是每当我想要购物或者外出就餐的时候，它的确是一个很好的提醒。

反思与核查列表

本章主要围绕轻质生活的基本要素展开，回顾了 3R 原则，进行了废弃审查，为本书接下来的内容奠定了基础。接下来的章节将探讨如何减少废弃物的产生以及如何训练自己减少消费。在进入第二章之前，请花点时间跟随下面的步骤回顾一下本章的主要内容：

○ 进行一次废弃审查并列出接下来一年中你减少垃圾的目标

○ 重新熟悉 3R 原则：清减、再用、循环

○ 为你忙碌的生活打造一个专属零废弃箱子

○ 学习更多 R 原则：腐坏、拒绝、修复、多目的化以及重新思考

○ 找到你开启轻质生活的动力和初衷

○ 创造自己的激励话语或使命宣言，用此提醒自己为什么想要改变自己的生活习惯

· 第二章 ·

极简主义与断舍离

扔掉垃圾,而不是用更多垃圾替代

我的衣橱太小了

新婚不久我和我的丈夫刚刚搬进我们的第一个新家,房子里乱七八糟地堆满了各种箱子和家具,连个下脚的地方都没有,这一幕现在想起来还是觉得恍如昨日。这座房子建于20世纪90年代初,一共两层,用红砖砌成,相较我们今天随处可见的"巨无霸豪宅"①,那时候的房子显得十分朴素。房子朴素自然里面的衣橱也很朴素,怎么说呢,实在是太朴素了。主卧的衣橱只有在空着的时候才勉强能称之为步入式衣帽间吧,里面刚刚能容下两个蹲着的我。我很快就把梳妆台抽屉以及这个所谓的"步入式衣帽间"塞得满满当当,可床上还堆积着如山的衣物,悲伤地等待着未知的命运。拒绝过度的想法表面上看起来很容易,但实际上在情感上还是需要一番挣扎才能放手的。

事实上,这成堆的衣服中有很多我很长时间都没有见过了。求学多年,彼时刚刚进入职场,由于总是搬来搬去,我索性搞了个仓库(惊讶吧,我知道你会如此反应),这样就可以避免把我的这些垃圾从一个城市到另一个城市,一间公寓到另一间公寓倒腾来

---

① "巨无霸豪宅":意为如麦当劳快餐般,以廉价材料来建造超大面积房屋,以追求炫耀的表面效果。

倒腾去了。

对一个二十来岁的小年轻来说搞个仓库可能听起来有些奇怪，但我并非独一无二的存在。很多人干脆用他们父母的房子来当仓库，把他们高中加入滑雪社团时买的滑雪板、乐队练习时用的电子键盘，甚至是那些具有特殊意义舍不得扔的生日贺卡都存在其中，他们总觉得这些东西尽管现在用不上，但将来说不定哪一天会需要（大多数情况是再也用不上了，甚至多少年也不会瞥上一眼）。如果你跟我的丈夫一样，那你可能从来没有彻底清理过自己童年时期的床，也不愿从那一堆衣服和乐队海报中整理出高中运动会上获得的奖品和奖牌。

当年面对着床上堆出来的这座"小山"时，我感觉它们正用鄙夷的眼神盯着我。我让它们失望了，它们如同失了宠一般再也没被穿过了。我清楚地记得我从这堆衣服最上边取下的那件粉红色抹胸长裙，它的光辉岁月已经是六年前的事了，我也很清楚自己以后再也不会穿它了，那我为何还留着它呢？可能是因为我们有过很开心的过往吧，那些时光充满冒险，甚至有点疯狂，让人留恋。就是这条粉红色抹胸长裙伴我度过了美好的大学时光，又在我的行李箱里陪着我去波兰研学了一学期。我还清楚地记得曾穿着它去克拉科夫老城的地下酒吧，那里到处都是历史悠远的石头和砖墙,进入地下酒吧感觉就像踏进了时空隧道,回到了过去一般。我沉浸其中,直到现代音乐和灯光,还有从吧台飘过来的伏特加香味把我拉回现实。过往的回忆如此美好,所以对我而言抛弃这条长裙无异于抛弃过往的回忆与经历。可尽管这样,真实的情况却是这些回忆并不会因为这条长裙没有了而消失,它们会永远活在我们的记忆里,活在那些照片里。意识到这一点,我决定告别这件抹胸长裙,继续向着人生迈进。

我不知道如果那时我有一个更大的衣橱我会怎样做。我可能会把那些不再穿的衣服塞在某个角落吧,这可能是最容易的解决方式了吧,因为可以避免断舍离,不用面对伴随"放手物质拥有"而来的情绪包袱。就拿我来说吧,我是没有选择,不得不进行一些舍弃,也不得不直面随之而来的情绪,因为这些过量的衣服实在是无处可放。作为一个自认整洁的人,我不会让它们就这样堆在我的床上,这座"小山"必须清理。通过身体力行的断舍离,我在心智上也开阔了不少,终于可以像一对正常的新婚夫妻一样在新家里全身心地拥抱人生下一章了。

整理那些不常穿的衣服和配饰初看很难,但其实"焉知非福"。它让我对衣柜里的东西重新进行了审视和评估。你知道吗,当我翻到一双不常穿的棕色过膝靴子,后跟足有三英寸高,我当时真的有种顿悟的感觉。尽管我是看着《欲望都市》长大的，也的确梦想着拥有一个凯莉·布雷萧①同款的鞋柜，但我深知自己生活在一个小小的郊区城市圭尔夫，往西距离加拿大的多伦多还有45分钟车程。这儿可不是什么纽约繁华大都市！这些靴子不过是为了满足我"都市丽人"的幻想，现实生活中整个夏天或者天热的时候我都是穿着勃肯凉鞋，冬天或冷的时候则是防水鞋，直到今天这些鞋子依旧是我鞋柜中的必备单品。如果这些棕色靴子适合你，你就可以留下它们，但很可惜，它们并不适合现实生活中的我。清理衣柜和鞋柜让我更好地意识到当下的自己是谁，我又该在这个世界上呈现怎样的姿态。我们在第六章"重复穿搭"中会进一步深入探索这个很重要的话题。

虽然说我这无意造成的囤积的确是给生活带来了不便，但更大的问题是几年后才逐渐显露出来的，那就是我总是与别人攀比。我们生活在一个消费驱动的社会，身边各种信息狂轰滥炸，不停催促着我们买买买，也不管我们是否真的需要。当然这些信息通常都是潜意识的，因为市场营销的手段就是要激起我们心中的恐

---

①凯莉·布雷萧：美国HBO电视系列剧《欲望都市》里的一个虚构角色，是一位为时尚而活的人，宁愿买 Vogue 杂志，也不买晚餐，对于设计师鞋款无法抗拒，是个爱鞋成瘾的人。

惧和不安，他们会建议"买这个让你变得更美"、"买那个让你看起来更有钱"又或者"买这个会让你更苗条"，就是这些"循循善诱"的建议让你不知不觉买了很多东西。在这个过程中，我们还以为自己是在通过购买特效商品解决自己显露出来的问题。可实际上这些多余的消费只是在榨干我们的银行存款，往我们家里塞满没用的垃圾罢了，疯狂购物消费并不会让我们感到快乐，留给我们的只有无尽的空虚。现在回过头来想想，那些堆积如山的衣服或许就是我们内心欲念的一种反射，我们总想在外表上不输于人，总想融入身边的圈子，因而内心总是不安，而疯狂购买这堆衣服不过是那段时间为了治愈内心不安所采取的权宜之计罢了。所以，去他的攀比心！因为不管我们怎么努力，周围总会有人比我们住更大的房子，开更快的车，穿更时髦的鞋，甚至可能不仅长相胜过我们，就连身上的气味都要比我们好闻。

如果用两个词来概括我们的生活，那就是"一片狼藉"与"疯狂消费"，而在这章我们将探索这背后的根本原因。你准备好通过断舍离一层一层剥去你疯狂消费的外衣为你的消费瘦身了吗？当你整理自己的东西时，你就可以更清楚地看到自己平时都购买了些什么。这个整理的过程可以帮你养成更好的购物习惯，当然，也会让你产生更少的垃圾。你不用担心这个清理的过程很麻烦，你可以按照自己的节奏来。我接下来提供的就是一个我平时经常使用的整理过程。随着我们生活的改变，我们的消费需求也在发生变化，这也就是为什么你需要不断地进行自我审视，问问自己是否需要避免满地狼藉的出现，以及是否要控制自己的消费习惯。

当你开始进行断舍离的时候，你会发现一个隐藏的好处就是清理房子就是在清理自己的头脑。整理过程中的放手其实就是减轻身体的疲累、情绪的煎熬，但好在回报不错，你的人生会因放手而变得更简洁。你要牢牢记住这个结果，当你感觉疲累的时候就用这个激励自己。慢慢地你会卸下情绪的负担，清出一堆没用的垃圾，把它们清扫出去之后，你就会发现不仅你的压力少了，家也变得清爽明朗了。你会养成极简主义的思维方式，购物欲也会随之降低，你不仅省了钱，节约了能源，生活中产生的垃圾也变得越来越少。最终你对自己的了解也会提升一个境界，整个人散发出由内而外而不是由外而内的自信。

那么什么是极简主义呢？极简主义并不是要你把家里整得"家徒四壁"，衣服扔得一件不剩，或者干脆加入"裸体主义群体"（a nudist colony）（除非你自己想这么做）。真正的极简主义是指选择"少一点"的生活，不仅是指拥有的少，更重要的是想要的少。这是因为有这样一种情况，虽然你进行了断舍离，但这并不意味着你不会故态复萌，重走老路，很有可能你才清理干净的地方很快就堆满了新的杂物。所以在你追求时髦，再度开始疯狂购物之前，先进行一次深呼吸，冷静冷静，然后仔细评估一下自己的真实需要。尽管极简主义可能听起来像是清心寡欲，但它却能帮你专注于生活中那些给你带来最大乐趣的更重要的东西，比如花时间跟自己爱的人待在一起或者追求自己的爱好。极简主义的生活方式并不走极端，你完全可以把它变成你想要的样子，除了你自己没人会对你指手画脚，说三道四。

让我们先进行一次深呼吸，理一理接下来要做的事情，首先你需要起草一份"极简主义任务宣言"，然后按照这份宣言上说的进行垃圾清理，将生活中的垃圾清理出来，清除出去。通过这些过程，我们就会解锁极简主义与垃圾之间真正的联系。最终，很可能这也是最重要的一步，我要帮你培养自己的战术来避免让你的房子再度沦为满地狼藉的垃圾场。我们这就开始行动吧！

极简主义与清理垃圾

除了收拾我有限的衣橱空间之外，我还必须整理堆放在仓库里的各种杂物，这让我最终发现了极简主义的生活方式。有天夜里，当我不停地翻阅手机上的信息，想在网上寻找一些有创意的方法来存储我的那一堆杂物的时候，我突然感受到过度购物所带来的压力。我那时整个脑子想的都是如何更好地存放和管理这一大堆的东西，怎样才能让我狭小的生活空间最大化？我可不想让我家里任何一个角落变成肮脏的垃圾场，别忘了我可是出了名的"整洁女士"。

然而，整洁与极简主义之间的差别可不止一点点。你可能很整洁，但家里仍是一堆垃圾，只不过是掩藏得好或者整理得好罢了。或许这个世界上真的有所谓的"凌乱极简主义"，谁知道呢？但至少他们的凌乱是可以很快很轻松地整理干净的，因为他们的东西本来就不多。那天晚上我用谷歌搜索了一晚上，然后就掉入了极简主义生活方式的兔子洞。多亏了乔舒亚·贝克尔的博客"成为极简主义者"，我才发现了"整理那么多东西还不如少拥有一些"这样的至理名言！原来我并不需要去家居收纳连锁店购买一堆大大小小花里胡哨的篮子和箱子。与其把钱花在这些所谓的储藏方案上，还不如直接扔掉一些没用的东西来得方便。格局一旦打开，我不仅省下了数百美元，还省去了数个小时甚至数天的整理时间。其中的快乐只有你亲身经历了才懂。怎么说呢，它并不是什么充满创意的收纳方法，而是从源头上解决问题，从一开始就没有多少东西需要整理收纳！而且极简主义也不只是让你摆脱物欲纠缠这么简单，当你花在寻找、整理、清洁和维护物品的时间减少了，我们享受生活的能力也就相应提高了。

说到这里，你们可能会感同身受地忍不住点头，但同时也会苦恼：自己该如何开始呢？在你一股脑扎进断舍离之前，有一件很重要的事情你必须弄明白，那就是你为什么要进行这项活动？弄明白这个问题之后，我会给你提供一些简单的策略让你可以跟着做，在家里实现断舍离。如果你在阅读本章之前就已经是一个极简主义者了，我也仍旧建议你重新审视一下自上次断舍离以来你家里积攒下来的各种东西。很有可能你就会发现一些东西，可能还不少，哪怕你不认为它们是垃圾，但你已经不打算再用或者不再喜爱了。

断舍离的理由

你可能觉得精简自己的东西并不是什么紧要的事情。比如我，我很喜欢断舍离，但是当我希望我的丈夫加入我的时候，他就完全是在帮倒忙。也许你的本能反应也是如此。就算你不喜欢搞卫生收拾整理，可事实上几乎每个人都会享受断舍离带来的好处。拿我的丈夫举例吧，尽管他没有公开跟我承认过，但我发现当他通过二手货物网络交易平台在网上卖出了自己不要的东西时他还是异常兴奋的。不管他是以 20 美元卖了自己的旧电钻，还是以

60美元卖了他的古董游戏机，我发现他整个人都变得神采飞扬，因为他觉得自己是用不再需要的东西赚了一些现金。对他而言，整理就是在赚钱！

跟我的丈夫不同，我收拾整理的快乐源自我对一个干净整洁的家的憧憬，我希望家里多点空间，少些杂乱。家里干净了，没那么多琐碎家务需要处理，我整个人都会变得自由轻快许多。所以现在最重要的是找到你断舍离的动力，这样你才能坚持得下去。当你进行自我评估的时候你可以问问自己："为什么一开始我要买这些东西？"然后认真想一想。这个问题或许能够帮助你想清楚为什么你要花费时间精力去进行断舍离。一旦你弄清楚自己想通过断舍离得到什么，你就可以试着制定一份"极简主义任务宣言"。这份任务宣言应该列出你进行断舍离的主要动机，并且包含下面两个关键要素：

1. 你的目的（你进行断舍离的主要原因）

2. 你想要的结果（你是如何设想你的家和生活的）

你可以花点时间写下你所有的想法，当然如果你没有写日志的习惯，你也可以只是在脑海里设想。你可以来一场头脑风暴，问问自己"为什么我要进行断舍离？"、"为什么我想要过这种极简的生活？"以及"我最终想要一个什么样的家和生活？"，然后把脑子里的想法都写下来，把其中最重要的想法列入你的"极简主义任务宣言"并制定出宣言的最终版本。下面是一些可能有助于你思考的想法。

·为了创造一个更平静的生活空间，不管是看起来还是实际感受，都让人心境平和

·为了减少清理除尘的任务

·为了减少整理收纳的任务

·为了放手与某些物品关联的愧疚感（比如不想要礼物）

·为了激发你孩子的创造力

·为了拥有更平和的家庭，如果你孩子也不喜欢满地堆放的玩具的话

·为了给家里用不上的东西一个机会，让它们遇见对的人

·为了卖掉不需要的东西赚点零花钱

·为了摆脱维护的负担

·为了了解你的消费习惯

·为了激励自己少买一点

·为了拥有更多的空间（既包括身体上的空间，又包括心灵上的空间）

·为了专注于生活中给你带来快乐的、更重要的事情（牢记

这些对你至关重要的事情,它们可以是家庭时间,爱好等)

· 为了从内而外地爱自己

· 为了深入了解自己,了解自己生活中想要成为什么样子

· 为了回馈你的社区,用捐赠等方式来回馈社区

· 为了放手过往,进入人生新篇章

· 为了换个小房子

一旦你制定好了自己的"极简主义任务宣言",在你真正进行断舍离的过程中你就可以经常看一看它,好时时激励自己。还有一点你要记住,那就是当你需要改变的时候,这份宣言也是可以更新的!如果你进行断舍离的热情衰减了或者当你感觉失去了动力,请记得打开这份"极简主义任务宣言"重新读一读,这样你便能找回开始这趟极简之旅的初心和动力了!

如何断舍离?

我个人的经验是只保留你用的、你爱的和你认为在"当季"是美的东西。这里的"当季"是个很重要的概念,它并非一年当中的某个季节或者某些季度性有用的东西,比如你的冬大衣,你只在冬天的时候穿,其他时候你都是收起来的。这里的"季度"或者说人生阶段是由我们人生中所经历的转变定义的,人生的每次转变都会导致我们的需求发生变化。比如,为人父母就是人生

中的一季，成为空巢老人又是人生的另一季度。当你进行断舍离的时候你就要认真考虑自己现在正处于人生的哪个季度。

当你进行断舍离的时候，你很容易变得过度理性，因此总会留下一些用不着的东西。你可能会想"好吧，也许哪一天用得上"或者"我以前很喜欢这个，这就是我为什么一直留着它"又或者"我买的时候我觉得它可美了，所以还是留下吧"当你选择清除那些不符合你现阶段需求的东西时，你就是在放手那些当前无用的东西——哪怕它们过去是有用的，或者未来有那么一点可能有用，都不是你留下它们的理由。那些大部分时间被闲置在柜子里或者束之高阁的东西就应该交给那些现在就需要它们，能享用它们的人。所以，如果你的孩子的衣服穿不下了，你又不打算再生小孩了，那就考虑把这些穿不了的衣服送人吧。断舍离三个字说起来容易做起来难，但是好在我有一些不错的建议可以帮到你。

在开始之前先要提醒你一句：请先对你自己的东西进行断舍离！如果你是一个人住，就不用担心这个，但是如果你是跟家人或者朋友一起住，那就请你一定先处理好自己的东西，不管你多想悄悄扔掉你对象那件奇丑无比的衬衫或破了洞的四角裤，都请你忍住。如果你清理了不属于你的东西，或是清理家人朋友共用的东西，比如棋盘，不用想，你肯定会被找麻烦，而这样一次找麻烦,很可能就会让你放弃之前所有的努力。

除了整理你自己的东西,你也可以把这个时间用来鼓舞家人,争取他们对未来断舍离活动的支持。你完全可以告诉那些与你同居的人你在忙些什么,并邀请他们加入其中!一个吸引他们加入的好办法就是告诉他们断舍离的好处,尤其是那些可能触发他们动机的好处(比如我丈夫的动机就是赚钱)。如果他们听了还是不感兴趣,也不用担心。很可能当他们看到你努力的成果了就会主动选择加入了。

现在,让我带你开始你的断舍离之旅吧!首先请思考或写下你最喜欢的物品列表——也就是你每天都要用的东西。拿我举例,我最宝贵的物品包括我收集的各国星巴克马克杯,这些杯子标志着我去过的国家和城市,还有我经常佩戴的情感首饰,以及那些我反复阅读的书。这份列表并没有列出我所珍视的所有物品,但是我想它应该能让你明白有什么东西可以进入你的最爱物品列表。这些物品是你的最爱,所以你肯定不会清理这些东西!但是你也要注意,别把什么东西都写进这个列表里!

然后,我们就要开始清点有哪些东西被闲置了。肯定有很多东西被闲置在你的柜子里,厨房的壁柜里,或者洗手盆下面的抽屉里,甚至可能在你的车库或者工具棚的某个角落里。你可以把这些东西写在另一张列表里。尽管距离我上一次大型清理已经有些时日了，但我家里还是有一些东西被闲置了很长时间。比如那台三明治烤架，原本我以为有了它做三明治会变得容易得多，没想到最后在那吃灰；还有那双我穿了很多年的旱冰鞋，不穿之后就一直在鞋柜里占地方；还有那台 iPod touch，自从我换了新手机，它就一直被闲置在书桌的抽屉里。好在最后我没费多大力气就把这些东西都卖了。

我想你很快就能列出一堆家里闲置多年不用的东西，比如超过五年没穿过的裤子，特意为高中毕业典礼购买的服装首饰，还有那个至今在你器具抽屉里占据一隅的电动红酒开瓶器。你要清楚一件事情，那就是断舍离是确保你留下的东西反映了你当前生活方式的需要，体现了你当下兴趣所在，而不是让你缅怀过去或是设想未来的。有时，即便你对某个物件充满情感或怀旧之感，你还是要选择继续前行的，尤其是当放手会带给你精神上的自由时更是如此，比如你可以把那些不再合身的裤子都捐了。尽管我小时候的确很喜欢芭比娃娃，但我觉得是时候让其他小朋友从我的芭比娃娃藏品中感受快乐了。或许这个例子听起来有些过于简单，但它的确标志着我从一个小朋友变成一个大朋友了。断舍离可以说是我们人生变化的一种物质体现，所以你可以时不时问问自己："这件物品是否反映了我'当季'正使用，喜欢或者认为是美的东西？"

现在我们要进一步深入，开始摆脱掉那些闲置物品了。我觉得进行断舍离最有效的办法就是把合适的物品种类（比如文件）放到合适的地方（比如家庭办公室）。之所以选择按类别而不是按位置来处理，是因为我们的东西总是散落在它不该在的地方。就以文件为例吧，理想的情况下文件应该出现在指定的地方，比如文件柜。可现实情况是这些文件往往出现在玄关、厨房、餐桌上以及办公室里。当我们处理这类经常莫名散落他处的物品时，若是只盯着一个具体的位置看可能解决不了问题。最好的办法是将这些文件都收集起来，然后把它们带到一个指定的地方（比如你的家庭办公室）然后再在那儿进行断舍离。若是你所有的文件都已经在合适的地方了，只不过一团糟乱，那你就应该在那个地方进行整理和断舍离。记住，不管是断舍离的地点列表还是内容列表都要做到简明扼要！

说到断舍离，最有效的办法就是分门别类地贴标签，比如：保留类、出售类、捐赠类、回收类以及垃圾类。你可以用袋子或箱子进行分类，或者干脆在地板上按堆分类，只要你清楚每一堆是什么就行。如果有条件我还是建议使用真正的标签，尤其是当你不缺助手，不想本属于保留类的东西结果混到了捐赠类里去的时候，标签就是最好的帮手。还有一点就是不要制造很多垃圾，为避免浪费，归到垃圾类的物品要越少越好。一旦你的类别确定了，就可以开始整理你的物品了。当你处理这些东西的时候，最好一次只专注于一件东西。你需要制定相应的标准，这样才能决定一件东西是否有资格在你家里占据一席之地。很多时候，你光凭直觉就能知道一件物品属于什么类别，但是也有些东西比较难归类。当你拿不定主意的时候，可以试着问问自己下面几个问题：

·这个东西过期了吗？如果过期了，那果断扔了！如果没有，那过期前你还会使用吗？如果你不打算再用了，挑选一个合适的类别扔进去。

·这个东西还能正常使用吗？如果不能，修好难度大吗？你想要修好吗？你真的会修好吗？如果会，在这周结束前就把这件事做了。如果不会，你知道该怎么做吧。

·我最后一次使用这个东西是什么时候？我使用的频率如何？关于你何时会再用这个东西一定要如实回答。如果你不确定，给自己一个截止日期。若到截止日那天你还是没有使用，就将它进行归类，选择放手吧！

·这个东西我有很多吗？我需要这么多吗？是不是只拥有一

个就够了？如果同一样东西你有很多个，那么你需要考虑下面这个问题：有没有什么时候你是需要使用多个的？如果有，实际上你真的会用吗？如果不会，那还是选择放手吧！

· 长期来看有必要花时间对这个东西进行清理维护吗？你又真的会花时间去清理维护它吗？如果你的回答是肯定的，那就留下它；如果不是，那就给它安排一个合适的命运吧！

· 我真的想留着这个东西吗？还是其实它只是在我家占地方的？就"当季"来说它有用吗？如果有用，留着它；如果没有，给它选择类别放进去吧。

如果你舍得放手，那么上面的列表就很有用。但是如果你很难抉择是否要放手某个东西，下面还有一些补充问题你可以考虑：

· 放手这个会让我心生愧疚吗？如果会，又是为什么呢？

· 我留着这个东西是因为它是别人送我的礼物吗？

· 我留着这个东西是因为有人认为它值得保留吗？

· 我留着这个东西是因为我当初花了很多钱买的吗？

· 我留着这个东西是因为它很时尚吗？

· 我留着这个东西是为了向别人炫耀吗？

· 我留着这个东西是觉得将来有一天会需要吗？那到底是哪一天呢？

·我留着这些衣服是想哪一天合身了再穿吗？

·我留着这个东西是因为它代表了一种我想过，但现实中又过不上的生活吗（回想一下凯莉·布雷萧鞋柜的故事）？

·我留着这个东西是因为怀旧，一直抓着早已翻篇的过去不放手吗？

·我留着这个东西是因为它代表着某位逝者的过往吗？

·我留着这个东西仅仅是因为继承而来吗？

上面有些问题可能一时很难回答，但你的回答必须把抉择困难背后真正的原因凸显出来。这一天结束后，东西仍旧是那些东西，只不过我们给它们赋予了情感和回忆。放手这些东西也并不代表我们就打算忘记与之相关的情感和回忆。虽然那条热辣的粉红色抹胸长裙已经被我清理了，但是当我怀念穿上它的那些日子时，我还是可以拿出照片来缅怀过往。同样地，当你把这些东西从家里清理出去的时候，你可以给那些真正特别的东西拍个照，这样你就有了缅怀过往的纪念品了。

如果你打算清理那些对你家人很重要的东西（就算他们没有和你住在一起），在你断舍离之前请一定要询问他们的意见。可能你不在意的东西，他们却想要当作传家宝，如果你草率地给处理了，让家人伤了心就不值当了。

关于愧疚感这里有一点要说明：把不再需要的礼物送出去很难不让人心生愧疚。因为礼物是一个人表达爱意和感激之情的重要方式，所以收到礼物常常让人感觉收到了对方的爱意和感激。但是收到礼物该怎么处理其实完全取决于你。当然，这一点或许有争议，也许你会说："如果我的祖母来我家喝茶却没看见她精心挑选送给我作为生日礼物的茶壶，她一定会很伤心的！"这时候你不妨想想：你的祖母来你家难道就是为了检查你有没有在使用她送你的茶壶吗？还是说她来看你是因为关心和爱你，想要和你共度一些美好时光？的确，她要是看见你在用她送你的茶壶肯定会很开心，但是她这一天的到访结束后，我想她最珍视的一定是那些与你共度的美好时光。当然，还有一种办法可以不把礼物送出去，那就是一开始就避免收到不想要的礼物，这一点你可以参考第七章"巧妙拒绝的艺术"。

现在你已经具备了断舍离的基本技能了，那么开始行动吧！你可以先挑一类"物品"进行尝试，选择一个合适的地方，然后按照上面所说的方法开始将这些东西一一分类。但在你真正实行断舍离的时候请先了解下面两个部分的内容：对什么东西进行断舍离？在哪儿进行断舍离？现在恭喜你已经正式踏上了这条极简之路啦！

对什么东西进行断舍离?

你需要对什么东西进行断舍离呢?答案是所有东西。但这并不是说你要扔掉家里的一切,相反,它指的是你需要对家里的东西进行全面的评估,确定它们都达到被你留下的"新标准"(回想一下你的"极简主义任务宣言")。为了帮你简化这个过程,同时帮助你在进行分类的时候有个目标导向,我为你提供了一份可供参考的类别列表,希望可以助你快速走上正轨:

- 化妆用品(见第五章)
- 药品
- 清洁用品(见第五章)
- 日用织品与枕头
- 洗衣配件
- 办公用品
- 文书与邮件
- 衣服(见第六章)
- 孩子的衣服与配饰
- 婴儿的衣服与配饰
- 上学用品与书籍
- 玩具
- 外套和夹克
- 鞋子
- 钱包/背包/公文包
- 珠宝
- 厨房用品和小家电
- 食物(见第四章)
- 娱乐与聚会用品
- 宠物用品
- 家用装饰
- 节假日与季节性装饰
- 不想要的礼物
- 有收藏价值的物品

- 游戏用品
- 手工艺品
- 未完成的项目用品
- 书籍杂志
- 电子产品
- CD/DVD/电子游戏机
- 运动装备
- 小装饰物
- 照片与纪念品
- 多余的家具
- 花草植物与盆栽
- 工具与装备
- 建筑材料和废弃物
- 汽车配件
- 园艺用品
- 泳池用品
- 度假用品

列表上的类别是不是看起来琳琅满目？似乎人类需要的物品也太多了！我们先从其中的一个类别开始吧。"上学用品与书籍"是导致我家杂乱不堪的一个重要源头，因为从我读书到大学毕业这20多年的时间里，我积攒了数不清的笔记本、教科书、钢笔和铅笔，它们就这样一年接一年地在我家闲置着，最后成了一堆垃圾。虽说不是读书时的每一张便签纸都被我保留了下来（尽管我也差不多是这样做的），但我敢肯定至少积攒了几大箱垃圾要清理。不管你是有孩子，还是你自己还在上高中或大学，你都有必要整理一下文具书籍，用不上的就干脆选择放手吧！

最让我觉得害怕的就是有一大堆的东西要清理，而其中最痛苦的部分就是决策疲劳，因为你拿起的每件东西都需要你来决定它的命运，每件物品你都要问自己："我要留着它吗，还是捐了它？这是垃圾吗？可以进行回收吗？"真正让我触景生情的是清理高中时朋友们在课间递给我的纸条，其中还有一些是我最好的朋友（她过世时我正在巴厘岛度假的那位）亲手写给我的。对我来说，像这样的纸条真的很难舍弃，于是我想了一个好办法，我将这些纸条全都进行扫描，保存它们的电子版，这样就可以减少家中的纸质杂物。

最终，我把家里大部分上学用品与教科书都送到了捐赠中心，含有个人信息的书页都被我送入了碎纸机，其他用不上的我也进行了回收。我知道我不会花时间重读这些书，也不会再使用这些文具用品，所以我为什么还要让它们在我家里占地方呢？至于我最好的朋友写给我的纸条，我还是舍不得扔，最终选择保留下来。

在哪儿进行断舍离？

这个问题很简单！很容易回答，对吧？一旦你选好要对什么东西进行断舍离，那么下一步就是决定在哪儿开展这项工作。可能最好的地方就是你要处理的物品类别所在之地（或应在之地）。以文件为例，家庭办公室就是很好的处理地点。如果你要处理的是工具类，那么你的工具棚、车库或者工具柜可能就是最合适的地方。下面是一份你可能需要考虑进行断舍离的地点列表（你也可以根据你自己的实际情况增加其他地点）：

- 地下室
- 衣柜
- 餐厅
- 玄关
- 车库
- 厨房
- 洗衣房 / 洗衣区
- 起居室 / 客厅
- 储物间
- 阁楼
- 浴室
- 卧室
- 办公室（家庭办公室或工作办公室）
- 父母家
- 娱乐室
- 游泳池
- 棚（用于储藏的）
- 仓库 / 储物柜
- 汽车

当你回顾上面的列表，想起家中或生活中有哪些能够进行断舍离实操的地方时（家里没有游泳池？不用难过，我家也没有），不妨也想想从哪里开始比较好。你家里有没有什么特别的地方会因为断舍离而大为改观？是那些堆满了各种杂物、让你深感难受的地方？又或者是那些杂乱不堪，让你深感压力、都不知道从哪下手收拾的地方？如果你整个家都听起来像这么个地方，那你可能真的要忙得焦头烂额了。

或许有些人会推荐你从最轻松的房间开始断舍离，但我还是想建议你从家里最需要关注的地方开始。当然在这样一个"充满挑战的空间"里你还是可以选择从"简单的东西"开始整理，因为每次小小的成功都会激发你向"更难完成的任务"发起进攻。不过，不管你选择从哪里开始，最重要的一件事就是你要开始，和做其他任何事情一样，行动才是完成任务最有效的工具。

评估你的物品

一旦你开始整理，请花点时间对每一堆物品反思一下。想要看清自己的购物习惯，最好的方式就是在扔掉所有东西之前好好进行清点盘查。或许你有囤积袜子的毛病，只是你未曾察觉罢了。又或许你在壁橱里发现了 20 管你早已忘诸脑后全新的牙膏。这个盘查的过程不必过于正式，这么做只不过是要你在脑子里有个印象，记得自己的购物模式。要想成为一个理性的消费者，一个很重要的前提就是了解自己当前的消费习惯，所以不妨问问自己：

- 我在收集什么东西吗？
- 同一样东西我有很多个吗？
- 有什么东西是最用不上但是家里又很多的？

· 同一样东西我为什么要买这么多份？

· 我还需要继续买这个东西吗？

· 我收集的这些东西我真的需要吗？我会使用它们吗？我是真的喜爱它们吗？我是觉得它们美吗？它们为我当季的生活发挥了什么作用吗？

当我开始对自己的物品进行审查时，发现自己有购买指甲油的习惯。也不是说我购买了成百上千瓶，但最多的时候我至少同时拥有25到30瓶。你可能会觉得，这算不得什么大事。你说得没错，这的确不是什么大事，除非我告诉你我一年才涂那么几次指甲油。当我停下来思考这个问题的时候，突然意识到我并没有那么迷恋收集的那些指甲油。我需要那么多种不同色度的粉红色指甲油干什么呢？但是话说回来，要是我真的喜欢那些指甲油，那这些质疑的想法我压根儿想都不会想。我对你的建议也是一样的，如果你真的喜欢某样东西，搞一些收藏是无伤大雅的，如果你真的喜欢这些东西，那就留着它们！

我决定将我收集的这些指甲油送给我的一位朋友，她倒是开心地从我手中接下了这堆宝贝，至于我，如果心血来潮想涂指甲油的话就直接去美甲店或足浴店，反正也不是经常去，也划得来。你知道这件事中最美妙的部分是什么吗？那就是我每次逛街的时候再也不会花个十五、二十美元去买指甲油了。当我把这些瓶瓶罐罐送走的那天,我就决定将来要成为什么样的人了。现在的我再也不会随便买指甲油了。所以,断舍离也是你审视自己的购物习惯,对未来行为做出谨慎抉择的大好机会——只有敢于打破旧的习惯,才能养成新的习惯。

当你仔细审视自己要断舍离的那些东西的时候,其实也是你反思的最佳时刻,你可以反思这些东西的一生轨迹,它们是在哪里生产的?又是如何生产出来的?你可以思考下面这些问题:

· 这个东西是哪里生产的?是本地生产的还是进口的?

· 这个东西的生产合乎道德吗?具有可持续性吗?

· 生产这个东西需要什么材料?

· 这个东西里面是否含有有毒化学物质?

· 这个东西坏了可以修吗?或者坏了可以找人修吗?

· 这个东西容易回收利用吗?

问这些问题并不是要让你对自己已有的或买的东西心生厌恶,而是为了让你对之前的购物行为有更深刻的了解,好帮助你建立新的购物价值观。如果你养成了购物时问自己这些问题的习惯,那你买东西时就容易从全盘考虑问题,再不济你也具备了审核货品的能力,包括它的可持续性,合乎道德程度以及品质高低,你都会一一考核。

说到上面的那些问题，其实我也不是一个完美的购物者。最近几年我买的东西也并非全都合乎道德或者对环境友好。但我真的觉得思考这些问题后我买得更少也买得更好了，同时我也更倾向买二手货，甚至不一定要买，能租能借的时候我就尽量租借。对我来说，极简主义与垃圾之间存在着明显的关联。我们消费得越少，产生的垃圾就越少。即便我的购物史不够完美，但至少将来再也不用租仓库来囤积杂物了，这本身就是一个巨大的进步。

极简主义与垃圾之间的关联

我们常常会出现过度消费的情况，买的东西远远超过我们的真实需求。这都多亏了海外的大量生产，导致东西看起来很便宜。当我们买新产品的时候，不管是衣服、家具、装饰品、新手机还是汽车，这些东西都需要相应的资源才能被生产出来。在生产过程中，这些资源被提炼、提纯，然后被送到各地工厂。在工厂里，产品被加工制作出来，然后进行包装，最后运输到销售商手中。不幸的是，我们的"低价购得"其实是建立在"更高代价"之上的，包括人力代价和环境代价。人力上，无论是工人的劳力，收入以及健康都被疯狂压榨了，而环境上，动植物栖息地的损失，各种污染和垃圾随处可见也着实令人扼腕。而我们的每一次购物，其实就是在支持这样一个体系的运转。

以最简单的棉质T恤为例，就像安妮·雷纳德[1]在她的《东西的故事》一书中所提到的那样，我们可以以1.99美元的低价购得一件棉质T恤。但我们不知道的是生产棉花需要耗费大量的水，使用大量的杀虫剂（严重危害周边的自然环境），这些杀虫剂也伤害了棉花种植户的身体健康（可能导致神经和视力方面的疾病）。安妮·雷纳德进一步指出，将生棉花变成纺织物也是一个极为耗能的过程，至于染色上色环节，更是需要使用大量化学物质。当棉花变成了棉布，它们就会被送去制作T恤，而为了降低购买方的成本，生产T恤的过程又常常是在小作坊里进行的。总的来说，生产这样一件T恤要产生将近5吨的二氧化碳，这还不包括交通运输上产生的碳排放。知道了这些，我再也无法像以前一样看待T恤了，不知道你是否也有所触动呢？

所以，不妨停一停，好好领会一下刚刚讲的示例，然后数一数你有多少件棉质衣服。做完这件事之后，不妨再把格局打开一些，

---

[1]安妮·雷纳德（Annie Leonard）：著名环保人士，被《时代周刊》誉为"环保英雄"。

再看看你房间里的所有东西。这么做不是为了让你心生愧疚而是要你去了解，去改变。你过去所拥有的每一件东西都是大量资源、劳力和运输成本的产物，是在如此大的消耗下才来到你的抽屉、书架和橱柜中的。尽管上面所提到的这些甚至都没有触及衣物浪费问题，关于这一点我将在第六章"重复穿搭"中详细讨论，但T恤的例子的确说明了产品的制作不仅会给自然环境和人类健康带来消极影响，还会造成大量的垃圾和污染。

我开始慢慢理解极简主义思维模式对于可持续生活方式的重要性，随着理解的加深，我越发相信自己可以通过成为一个有意识的消费者（见第三章）来在这个世界上产生一定的影响。换句话说，我再也不会购买1.99美元的棉质T恤了，因为我不愿再助力这样一个既污染地球环境又伤害人类健康的体系继续运行下去了。

读完这部分之后，你可能突然又有点不想放手面前这堆东西了，因为你觉得它们也是消耗了极大的能量和资源而来的。但是千万不要让这样的想法阻止你处理掉自己不需要的东西。

有句老话说得好：同一件东西对你来说是垃圾，对别人来说可能就是宝贝。如果能给你的东西重新找一个适合之家，那就大胆去做吧！不要让内疚阻碍了你的极简生活之路。于你而言，这是你开启轻质生活之路的大好机会！在全新的极简主义视角下，这个世界定然呈现一番完全不同的面貌！

负责任地卸载你的垃圾

本书希望你过上轻质生活，但并不是教你断舍离之后一扔了之，因为这是极不负责任的做法。那我的建议是什么呢？我建议别制造垃圾。你已经将没用的杂物进行了分类（保留类、出售类、捐赠类、回收类以及垃圾类），其中垃圾一定是最后的选项，不到万不得已不要轻易将物品归到此类。可就算有意规避，也总有一些物品不可避免地被归为此类，这时你也不必因为制造了垃圾而心怀愧疚，因为它们的命运就是如此，不是堆积在你家里当垃圾就是在垃圾场当垃圾。所以你大可不必介怀，放平心态扔了它们就是。

至于如何管理剩下的东西（除了你要"保留"的东西），这件事也很重要。想为你不需要的东西寻找合适的归宿其实并不难，办法很多，下面就是一些可供参考的选择。

售卖

在我的经验来看，最好只售卖那些价值高的物品，因为想把没什么价值的物品卖出去实在是太难太烦了。什么东西值得你花时间去卖,什么东西不值得,这完全取决于你,当然也可能受一些外部因素的影响,比如你有多想要赚钱。首先你要决定你的时间价值几何。你可以参考你的小时收入,如果卖掉这件东西需要花一个小时,但是却赚不回你平时一个小时的薪水,那这件事就不值当。对我来说,卖掉我的数码单反相机肯定是值当的,尽管它已经有几个年头了,但我上网一搜,很快就发现它仍旧值个几百美元,于是我很快就在网上把它卖了。相比之下,我的那些家用装饰品就卖得不太好了,没换到几个钱。至于我不要的衣服,我将其中品质较高,款式高端的几件挑了出来送到了寄卖店,其余的就全都捐了。如果你有东西是决定要卖的,那你可以试试下面这些方法:

车库旧物甩卖: 这种方式虽然老套,但仍不失为一个选择。如果你想走这个路线,那你就需要花点时间和气力了。车库旧物甩卖并不见得一定会带来高收益,但若你叫上家人朋友一起参与,这件事可能会变得很有趣,大家聚在一起,想卖什么都可以。

寄卖或代售: 寄卖店一般都会接受二手物品并替你进行售卖,一旦货品卖出去你就可以从中获得少量报酬。从时尚单品到家具用品,什么东西都可以放到寄卖店售卖。你可以选择当地的实体商店,也可以选择线上销售平台进行寄卖,比如美国很火的二手电商平台 thredUP、Poshmark 和 the RealReal。

线上市场：像克雷格列表（Craigslist）、客齐集（Kijiji）以及当地的脸书群（Facebook groups）都是很好的线上销售平台。不过有一点你要清楚，那就是它们都要求线下交易。当然你也可以在 eBay 上进行售卖（只是这种销售方式往往要求你对货物进行打包和寄送）。

当铺：典当是一种典型的即时交易，如果当铺对你的东西感兴趣的话，它们现场就会支付你现金。至于可以典当的东西，从电游到珠宝、电子产品以及乐器，皆可典当。

售卖二手货品的方法和渠道绝不止上面提到的这几种，所以你大可发挥创意，创新售卖方式。至于在哪里售卖，以何种方式售卖完全取决于你要卖的东西。如果你家里有一堆废旧金属，你完全可以把它们拉到废品店换点零花钱。不仅如此，网上还有许多专门回收废旧电子产品的电商平台（比如 ItsWorthMore.com）。至于老物件，也有古董交易平台（比如 Etsy 或 eBay）。如果你真的想卖掉自己不要的东西，最好的办法就是先做一些网络调研，看看你的东西是否有市场。

捐赠

在断舍离的过程中，你可能发现了一些功能完好，品相尚佳，只是你已经不喜欢了，也不值得你花时间和力气去售卖的东西。在这种情况下，你可以选择把它们捐出去。下面是一些可供参考的捐赠途径：

工具：你可以联系当地的工具库看看是否接受工具捐赠。

建筑材料：可以考虑捐赠给仁爱之家（Habitat for Humanity's ReStore）或者其他相似的机构。

衣服：你可以联系看看是否有庇护所，食物银行或其他非营利机构愿意接受品质尚佳的二手衣服、鞋子和配饰。

书籍杂志：你可以联系当地的图书馆，看看其是否接受你的捐赠。你的社区或许也有小型的免费图书馆（你可以查询littlefreelibrary.org），你可以把书籍或杂志捐到那里去。有时二手书店也会接受一些旧书，你还可以获取一些现金或者购物卡作为回报。除此之外，你的附近可能还有一些进行图书募捐的慈善机构，你可以把书捐给他们。

艺术用品与手工艺品：你可以联系当地的学校或者少年活动中心，看看他们是否接受这类的捐赠。

洗漱用品与其他杂物：庇护所、教堂、清真寺或相关的非营利机构，像这样扶危济困的机构和群体有很多，你可以联系其看看是否接受你的捐赠。只不过有一点你需要注意，那就是你要确保捐赠的产品未开封使用，未过期。

食物：食品银行，庇护所以及其他非营利机构，可能会接受你不要的食物（不过你要确保你的食物满足捐赠的要求）。

任何东西：虽然说不上是捐赠，但把自己不需要的东西免费赠予自己的朋友、家人或邻居也不失为一种好的处理办法。我个人认为这是一种非常成功的方式。通常我会用手机给要处理的物品拍张照，然后把它发给对这个物品可能感兴趣的人，接着就等他们的回复就好了。除此之外，你还可以在一些网商平台，比如克雷格列表（Craigslist）、客齐集（Kijiji）以及"什么也不买"脸书群（Buy Nothing Facebook Groups）上将自己用不上的东西免费赠予他人。

一开始你可能觉得这是一个很大的任务，但只要你坚持下去，你就很可能会找到一个能接收你大部分无用之物的地方。你也可以致电好意慈善事业组织（Goodwill）（或相似的慈善机构）让其过来取走所有你要清理的东西。如果你本身行程很紧，那么这种方式可以让你的断舍离变得尽可能轻松便捷。但如果你时间充裕，有时间去研究售卖和捐赠的渠道，你完全可以帮每一件东西都找到它们的最佳归宿。你可能会问为什么要这么大费周折呢？这是因为你为这些东西找到最佳归宿的同时，也在减少它们沦为垃圾的可能性。好意慈善事业组织（Goodwill）这样的机构倾注了很大的精力去售卖我们不要的东西，并且形成了完整的体系最大化地减少垃圾的产生。以衣物为例，售卖为先，卖不出去的通常被送到了织物回收机构，只有那些发潮起霉或者受到污染的衣服才最终被当成垃圾处理。

人生变化无常，断舍离也可能一直发生，但你从每次断舍离中获取的经验教训都会帮助你更好地走向未来。如果你买得更少了，生活变得简单了，每次断舍离的时候都能反思上面提到的那些问题，那么你往后需要大型断舍离的地方就会越来越少。不仅如此，拥有了本书，你看待世界的眼光和角度也会发生改变，你会拥有全新的视角。在新的视角下，我们消费的东西变成垃圾的过程将会显露无遗。关于这一点，我们接下来要聊一聊如何避免再度凌乱，这样你的劳动成果就可以长期维持了。

避免再度凌乱的策略

本章的要点就是帮你从头开始，让你的家去繁就简，彻底摆脱那些用不上、不想要的东西，从而助你过上更简约的生活。与此同时，断舍离的任务也给了你一次审视和修正自己消费习惯的机会。你应该不想辛辛苦苦完成断舍离的任务后,家里的东西反而更多了吧?为了确保你的家能一直保持干净整洁,有必要养成一些极简主义的习惯,因为这些习惯可以帮你:

·避免再度凌乱;

·省钱(因为你买得少了);

·减少垃圾的产生(因为产品的使用寿命被你延长了,不会那么快进入循环系统)。

你还记得我收集的那些指甲油吗?要是我把那些瓶瓶罐罐送走以后又开始不停地买买买,那我整个断舍离的目的就被彻底打破了。于是我跟自己达成了约定并一直坚持下去,那就是再也不买新的指甲油了。

下定决心其实很容易,多数人一年至少会有那么一次,只是日子久了,就会发现越发难以坚持当初对自己做出的承诺。所以,在你做出承诺前,问问自己下面几个问题,并且确保自己给出的回答够坚定。

·你究竟想从这件事情中得到什么?

·如何才能实现目标并维持下去?

你还记得你的"极简主义任务宣言"吗?上面这两个问题可以帮你回到这趟极简之旅最初开始的地方。通过自我反省你会更了解自己。为给自己长远的成功奠定坚实的基础，也为防止日后可能出现的松懈，你可以给自己制订一份行动计划。

通过断舍离，你很可能发现自己有收藏书籍或者购买很多夹克的毛病，又或者总想买各种厨房小家电。知道自己的缺点所在，然后给自己设定边界和规矩，避免成为欲望（或广告）的奴隶。要是你又想买买买了，不妨给自己一点时间冷静下，在心中腾出些空间进行感恩，感恩你现在已经拥有的东西，不要陷入消费主义的陷阱。你要学会暂停和反思，想想你已经拥有的，想想你生活中喜爱的东西，想想那些让你开心的东西，让这些积极的想法和感受，帮助你克制消费的欲望直到它彻底消失。或者你可以在想要购物的时候，将你最爱的那些非物质的东西写下来，就算只在脑子里想想也行。然后把这张列表牢牢印在脑海里，每当你有消费的冲动时就想想这份列表，然后用上边那些非物质的爱去替代购物的冲动。为了帮助你避免冲动消费，下面还给你提供了一些有用的建议。

防止冲动消费

你认为自己是一个冲动型的消费者吗？你是不是经常临时起意进行消费？要知道不必要的消费不仅会消耗你的财力，还会导致很多垃圾的产生，尤其是近年来激增的快递纸箱和泡塑包装！

下面是一些帮助你避免不必要消费的小贴士。记住，只买需要的，只在需要的时候购买，不要让天花乱坠的广告蒙蔽了你的双眼。

制作愿望清单：这是我一直以来最喜欢的消费管理工具。通常我会在手机上编辑一个我的购物愿望清单。如果我发现有什么东西是我很感兴趣但却不在清单上的，我就会把它添加上去，但是在真正购买这件东西之前我一定会给自己一段"冷静期"。设置这样一个"冷静期"可以给你一个冷静思考的机会，在这期间你就可以对自己是否真的需要这个东西做出决定。很有可能最后的结果是你又把这个东西从清单当中剔除出去了，并且庆幸自己没有一时脑热就冲动消费了。当然，也有可能它一直盘踞在你的清单上，你也相信自己的生活会因为购买了这件东西而发生好的变化，那么这样的消费就很可能是有价值的投资。所以，如果你真觉得某个东西有用，记得在购买前增加一个"冷静期"（比如十天，两周或者一个月），在这期间你不可以冲动下单，等过了这段时间，是坚持购买还是将其从清单上清除就任由你决定了。就我来说，有一些东西在我的购物愿望清单上已经待了好几个月，因为我始终没有充分的理由下定决心，比如有一双新的勃肯凉鞋就一直在我的愿望清单上，但现在是冬天，我是不会想去购买的，毕竟我还要等到春末夏初才能有机会穿上。

避免你明知的消费触发点： 如果你经过大型商超就忍不住进去消费，那么你就一定要避开它。如果你购物前要经历愿望清单这道程序，那就请确保进入清单的都是你真正需要的东西，一旦觉得这件东西可有可无，那就干脆利落地将其清除。同样地，也不要在购物网站上花很多时间不停地翻阅寻找你最爱的产品。要知道，网购有时候也和实体购物一样具有很大的魔力，让你不停地买买买。

减少广告接触： 不管是在社交媒体上观看电视剧，还是在翻阅杂志，我们总能发现自己身处广告的狂轰滥炸之中。所以要想减少广告接触，就尽量别在那些广告集中出现的地方，哪怕这很可能意味着你再也无法在社交媒体上紧跟自己最喜欢的时尚品牌了。

为现实生活需要买单： 还记得我买的那双高跟靴子吗？那双靴子非常适合纽约都市生活，但不幸的是，现实生活却用不上。所以，购物前你要弄清楚你要买的东西是不是只适合理想中的生活，而现实生活它们根本就不适合你。比如你花了很多时间和金钱收集了一堆艺术制作材料，可是你压根儿就不会去进行艺术创作，那艺术可能就不是你真正的爱好或热情所在。同样地，如果你现在这把吉他都在角落里吃灰，那就别想着再买一把了，就算打折促销也别买，因为你根本用不上！

追求你真正喜欢的爱好：记住你要为现实而活，追求的爱好也必须是你真正热爱的，最好是那些不需要花钱的爱好。极简主义并不是要求你过得像个苦行僧，你完全可以有自己的爱好。如果喜欢远足那就大胆上路；喜欢烧烤你可以和家人朋友一起在后院搞个烧烤派对；喜欢探险你就可以找个附近的小镇来一场探索之旅；不喜欢出门你还可以在家编织，成为编织方面的达人，或者你还可以参加当地社区组织的志愿活动。去做你真正热爱的事情，让这些真正重要的事情去取代过去被购物占据的位置。

培养你自己的风格：这条建议不仅是给你的衣橱的，也是给你家里任何一个地方的。不要去追求什么所谓的时髦，你要做的是培养自己的品位，形成经得住时间考验的风格。你的衣橱和家应该体现你是一个什么样的人，透露你的喜好和品位。你所拥有的一切都应该能讲述一段关于你的故事。当你创造了自己的风格，自然而然地你购买的东西就会减少，因为你已经不会再一味地追求潮流了。想要提高品位、形成自己的个人风格或者家装风格，你可以花些时间去图书馆翻阅时尚方面的杂志或者上网搜索相关信息。

为自己设立规矩：如果你是一个喜欢循规蹈矩的人，那就给自己设定一些可以遵从的规矩。或许你可以设定自己的处世哲学就是"有进有出"（虽然这样做并不会减少消费，但至少会使极简主义得以保持）。你还可以要求自己做好预算，确保自己存够了钱才下单，而不是采用信用借贷的方式提前消费——在第十章我们会深入地聊一聊经济方面的问题。

在你决定任何消费前问问自己下面几个问题：

· 我真的需要这个吗？

· 我家里面是不是已经有了同类产品，或者已经有了起到相同作用的产品？

· 我愿意日后对这个产品进行维护和修理吗？

· 我可以通过借用或租用的方式来替代购买吗？

· 如果不购买这个，这笔钱我还可以用来干什么？

· 我现在有钱花在这个东西上吗？

我很喜欢极简主义者们信奉的那句名言："只要你不买，所有商品都是100%的折扣。"如果你总是受不了打折的诱惑而冲动消费，那这句话你应该牢牢记在心里！我们经常听见，甚至自己也经常这么说："哇，折扣力度真大！我今天省了好多钱！"但是等等，你真的省到钱了吗？还是你又花了钱？如果你花了钱，那你其实没有省下任何东西。

反思与核查列表

我之前没有立即变成一名极简主义者，现在我也不敢说自己是一名极简主义者。但是，这些年来我的确一直在清理家中一些过剩的东西。与此同时，我也一直在探索"可持续性生活方式"的真正内涵。不经意间我发现了"极简主义"与"可持续性生活方式"之间存在着重要的相同之处。简而言之，就是"极简主义"促进了"可持续性生活方式"的形成：我们购买的东西越少，那我们使用的资源自然就越少了。

极简主义并非一夜之功，它的真正内涵，它在你家是什么样子，在你的生活中又是什么样子，这都完全取决于你。在家中进行断舍离可能花费数周甚至数月，这也完全取决于你有多么重视这个事情。你想要成为一个"极简主义大佬"？放手去做就是！认真分析每一件物品在家中占用的空间，然后把那些乱七八糟的旧东西都清理干净，新的东西一个也不要放进来。就算你对一尘不染，极度整洁的台面和抽屉不"感冒"，你生活中多少也要进行一些收拾整理。你可以根据自己的实际情况来定义自己的极简主义，设定自己的目标，培养新的生活习惯，同时约束自己的消费行为，戒除攀比之心，确定自己的新常态。记住，你所拥有的东西都应该能讲述一段关于你的故事。你要确保这是关于你的故事，而不是厂家，广告商或者你攀比对象的故事。

虽然本章主要聚焦在东西上，但是无论是断舍离还是迈向极简主义生活方式，实际上都是为你提供一个机会去关注生活中的一切事物，而非仅仅局限于这些用不上的东西。当家中变得开阔明亮，我们就有了更多的呼吸空间；当花在购物上的时间减少，我们才能更加关注生活中真正给我们带来快乐的事物。而现在就是你弄清楚这些事物是什么的最佳时刻！什么才是对你最重要的：家庭时光？志愿服务？走亲访友？追求爱好？创立事业？著书立传？还是要来个创新革命？你要想清楚你接下来的时间想做些什么，甚至你余下来的钱想花在哪些地方，做些什么事，你都要去思考清楚！总之，你的极简主义之旅将会为你打造完美人生奠定坚实的基础。

本章看起来内容很多，但我们可以换个角度，一次只做一件事，步步为营才能稳步前进。为了方便你回顾检索，下面列出了在本章出现过的主要活动：

○ 制订你的"极简主义任务宣言"

○ 记录家中你的所爱之物

○ 记录家中你多年未碰,早已不爱之物

○ 思考你拥有的东西,问问自己:我为什么会有这个东西

○ 对你不喜欢、用不上的东西进行断舍离

○ 发现你的消费行为模式

○ 基于对环境和人类的影响去评估你拥有的东西,通过评估揭开消费与垃圾之间的关联

○ 为你不需要的东西寻找有爱的归宿

· 第三章 ·

理性消费

买得更少,买得更好

拒绝品牌

粉色头发，工装裤，想起我刚念初三时的时尚品位既让我有些怀旧又让我时常感觉尴尬。我是在 2000 年出头的时候念的高中，那时候我的随身听里播放的都是眨眼 182[①]和天命真女组合[②]的 CD，宽松阔腿裤也正流行。我的外出打扮通常是一条阔腿低腰裤，大约是卡其色，配一件吊带背心，最后再加上一双滑板鞋。我又将头发挑染成粉色，故意弄出一副朋克摇滚的样子，仿佛艾薇儿·拉维尼上了身。但是你问我玩滑板，弹吉他吗？不，我不玩。我只是想要打扮成这样子罢了，当时的我就是痴迷 Roxy、Quicksilver 和 Billabong 这样的时尚泳装品牌。换句话说，我就是个品牌控。我相信身上穿的品牌彰显了我的身份和个性，或者说至少彰显了我想要成为的样子。

整个高中我都想成为一名时尚设计师。而且这种想法与数学不好还想成为宇航员那种想法并不一样，它并非脑中一闪即过的

[①]眨眼 182（Blink-182）：美国著名朋克乐队，是当今美国比较年轻一代的朋克乐队中，在商业上最为成功的乐队之一。
[②]天命真女组合（Destiny's Child）：天命真女是美国的女子流行演唱组合，原由碧昂丝·吉赛尔·诺斯、莱托雅·拉科特、拉塔薇亚·罗伯森和凯莉·罗兰组成，1997 年正式成军后与哥伦比亚唱片公司（Columbia Records）签约。

念头，我有真真正正地朝着这条路去努力，我报名参加了设计课程，正正经经地学做设计，缝制衣服，而且我还做得很不错。那时的我最喜欢在电视上观看时尚秀，期待着有朝一日我也能成为声名大噪的时尚设计师，我设计的衣服也能出现在纽约、巴黎和伦敦的秀场上。可很快我就明白了时尚行业并没有像明面上那么光鲜亮丽。

当我进入高中的时候，我买衣服从不翻看标签，对这件T恤是在哪个国家生产的毫不在意。那种漠不关心的态度直到娜奥米·克莱恩[①]的处女作《NO LOGO：颠覆品牌全球统治》成为国际畅销书才发生改变。这本书出版于1999年，当时我们高中学校里几乎人手一本，它可以说是反全球化运动的游戏规则改变者，是它让我们看清了这些大型跨国品牌背后的卑鄙操作。克莱恩在书中将这些品牌肮脏的秘密全都揭露了出来：例如专割年轻人的韭菜，有目的地限制产品的选择范围，加工生产外包给欠发达国家，在这些国家工作条件可以用恶劣来形容，劳动报酬还低于贫困线；不仅如此，这些加工生产还毁坏了当地的生态，给当

---

① 娜奥米·克莱恩（Naomi Klein）：1970年生于加拿大蒙特利尔，记者、畅销书作家、社会活动家、反全球化分子、电影制片人，以其对全球化的批判闻名于世。

地的社区生活和自然环境都造成了恶劣的影响。令人难过的是，这么多年过去了，等到我写这本书的时候，这些恶劣的情形依旧没有改变。

高中毕业那年，我被多伦多的一所大学录取，专业是时尚设计。但我毅然决然拒绝这份 offer，因为在我的认知里，时尚这个行业实在是太肮脏太恶毒了。自从看了《NO LOGO：颠覆品牌全球统治》这本书，我脑子里就充斥着各种血汗工厂、雇用童工的可怕画面，我实在无法接受自己从事这个行业。虽然不敢说高中毕业时我已经拥有了不俗的品位（那时的我还是一身摇滚滑板少年的行头），但是获知时尚行业真相后的我的确对消费有了更谨慎的态度。

反全球化运动进行了好一阵子，市面上才出现了在生产上对环境友好对工人合乎道德的时装。即便是现在，这个发展极其缓慢的"可持续性时尚"运动仍旧只是在起步阶段，但是好在至少市面上已经多了很多新式时装可供购买。我还记得读了《NO LOGO：颠覆品牌全球统治》之后，我特地去网上搜了搜，看看是否有与我价值理念相符的时尚品牌，因为我很确定我所在的地方绝对没有我想要的东西卖。不幸的是，网上可供选择的品牌也少得可怜（毕竟当时互联网与网购还都处于发展初期）。而且就算那时候有这样更符合环境可持续发展理念或更体现人性道德的服装卖，它们也无法体现我的朋克摇滚风格，更多的是偏向嬉皮士风格。所以相较之下现在的你们多么幸运，不管你是什么风格，市面上多的是能满足你要求的服饰。

我很欣慰，也很感恩现在有越来越多的品牌在社会责任和环保意识层面变得自觉。另外，作为消费者，我认为我们应该用实际的消费行动去支持这样一个符合环境可持续发展理念、体现人性道德的生产消费体系。尽管我相信我们的理性消费将会给整个世界带来积极的影响（后面的章节中我们会进一步深入探讨），我们要做的也不止于此，但我们仍然认为我们应该尽力保住所有的品牌，尤其是那些财力雄厚，富有责任心的跨国企业。尽可能地支持这些拥有"环保和人性"自觉的品牌，比其他的品牌可以帮助我们把握好自己的方向。

成为理性消费者并不只是购买体现"环保和人性"的时尚产品这么简单，还指一种心态，对于我们消费的所有东西，从时尚产品到家具家电，对它们一生的轨迹都时刻保持着关注的心态。本章只是理性消费的"速成班"，主要涉及以下几个方面：为什么我们当前的消费体系很糟糕？我们又能做些什么？如何才能做到买得更少、买得更好？对你来说什么才是买得更好？以及作为消费者需要承担哪些责任和义务？

与书中其他内容一样，消费方式的转变也不是一日之功，同时转变消费方式也不是要求你变得完美。本章真正的目标是帮助你了解并支持一个更好的体系。不管是否能够实现这个目标，我们其实都已经参与到这个体系之中了。而我们对这个体系的信念感以及随之产生的行动都将由这次旅程决定。就我个人而言，我想支持的体系不仅应该让那些参与产品生产的工人生活得到改善，还应该注重环保，不会让自然美景为垃圾遍野所替代。因此，我一直寻找的都是与这些理念相符的品牌或商家，然后用真金白银的消费支持它们。本章自然也会教你如何基于自己的理念和偏好找到合适的品牌和商家。

为什么我们当前的消费体系很糟糕？我们又能做些什么？

我们的经济是建立在消费之上的，而且还不是小打小闹的消费。我们的地球就好比一家大型工厂，只有它运行良好才能保证各大企业的利润，而我们则必须不停地消费才能确保工厂正常运行。你知道吗？品牌们在市场营销上的投入总计超过数十亿美元，而这么做的目的就是让我们不停地买买买，疯狂程度一年更胜一年。要是遭遇经济下行，我们消费得少了，市场提供的就业岗位就会相应减少。如果我们停止了消费，那么整个经济系统就会彻底崩盘，因此会有数不清的人失业，无法支付生活开销，最终生存都难以为继。这样的情形历史上发生过好几次，比如1929（1929—1933）年的经济大萧条，2007（2007—2009）年的经济大衰退以及2020年开始的新冠疫情，这些都是著名的经济下行案例。而这样的经济危机所带来的后果是惨烈的，在此期间成千上万的人连基本的温饱都无法保证。

当前的经济体系早已成型，这就导致连我们消费者都常常觉得消费力不足。当我们感觉消费不够的时候，我们就会有种疯狂购物增加消费的冲动，好填补这种消费的不足。我们就好像转轮上奔跑的仓鼠，不停地消费，消费，再消费，仿佛陷入了一个叫作"享乐跑步机"的死循环，周而复始，永无止境。不管我们得到了什么，我们总是想要更多。我们常常会告诉自己："我就买这一件东西，买了我就会开心。"你是否有种感同身受的感觉？我就有。这件东西可能是一款新手机，也可能是一只设计师款手提包。可问题是，一旦我们购买了我们想要的东西，我们并不会就此满足，我们的目光总是会盯在新的事物上。我们有了新手机，又会想要一块高端手表，何时才是尽头？其实根本就没有尽头，这才是关键，因为一开始经济体系的计划就是让我们不停地消费，买了这件再买下一件。

说得再直白一些，我并不是反对消费。有人可能会说："人就是要消费的。"这点我也同意，毕竟改变我们的周遭环境去获取食物，打造栖息地和享受生活是我们的天性，我也不例外。我当然也要吃各种食物，我也喜欢美好舒适的居住环境，最好房子能冬暖夏凉不漏水还没有蜘蛛网，要是还配备自来水，里面还摆放着美丽舒适的家具那就再好不过了。但不是每个人都能拥有这样舒适的生活设施。所以说，我也是一个消费者，在某种意义上我们都是消费者，只是程度不同而已。因此，我想要表达的不是反对消费，而是我们可以更好地消费，这也是为了促进经济体系朝着更好的方向发展。另外，我们不能让经济的发展完全只依赖于我们的消费。如果没了消费就无法确保人民的就业，无法满足人民饮食起居的基本需求，那这样的经济也不是我们所追求的。

当前世界总人口已经突破80亿，而我们的资源却是有限的，因此，这种靠消费驱动的生活方式是不具备可持续性的。这里并不是说财富有什么不好（这一点第十章将会详谈），只是说我们的生活方式以及消费方式很重要。你可以问问自己：我所拥有的东西和我想要的东西中（既包括物质的东西也包括生活方式）有多少是基于我的真实需求？你可以认真想想如何回答这个问题。我想答案一定可以揭露出很多真相，甚至可以为你在上一章做的极简主义和断舍离方面的调查提供一些补充信息。通过回答这个问题，你很可能会发现自己正在追求的不过是别人的梦想罢了。

早前我们讨论了"计划性报废"问题，其实所谓的"时髦"也一样，产品被有意设计成潮流款，然后很快就过时，这样我们就会不停地追逐时髦，购买新款。我们当中已经有很多人充分意识到了时尚行业的这种"潮流怪圈"——基本上每一周就会有新的潮流冒出。但是事实上诱导我们紧跟潮流的并非只有快时尚，许多其他行业也同样在使用这种方式引导人们消费，包括家具家装行业。本质上，我们生活的不再是一个注重质量的时代，那种本地产的可以用上好几代的沙发和卧室家具再也买不到了。因为我们生产的大多数家具都连同其他产品远销海外了，导致我们现在自己用的产品都变成了廉价劣质货，款式潮流则更是瞬息万变。

我们搬家时常常会把旧家具直接扔掉，这样的决策其实并不难做，这是因为一开始买家具的时候就不是什么大投资，不值得花那么大力气去搬来搬去。对于这件事我更是深有体会，因为我住在大学城，每学年结束的时候，学生们都会把他们便宜的家具遗弃在路边，然后各自奔赴前程去了。这就导致我所在的城市每年都有大量的垃圾问题需要处理。同时这件事也反映出我们对自己的东西缺乏关爱维护的兴趣。说实话，看见一张好好的沙发就那样被弃之大雨中着实让人心生感慨，要是有人足够在意它，或许就能为它找到一个新的归宿吧。另外，通常人们也不愿意购买二手家具，因为对于这种快餐式的家具，他们大可以直接去买新的，毕竟价格也很便宜。

想要跟这样一个从"计划性报废"和便宜产品中获利的经济体系作对并且赢过它是很难的。当这些便宜产品压根儿就不在本地生产而是产自海外的时候，我们就拿它们一点儿办法都没有，它们是不是对资源（是否具有可持续性）和劳力（是否合乎人性道德）的榨取？材料的品质如何？这些我们都无法掌控。不仅如此，货物运输过程也需要消耗大量能源、交通成本以及包装成本。在我看来，这样一条既不利民又不环保的供应链或者说供应体系是不值得称道的。

另外我再说一说价格问题。有人批评说，既人性又环保的产品价格昂贵，是给精英阶层准备的，穷人根本接触不到，这话听起来有几分道理。虽然我的确同意这样的等级鸿沟难以跨越，但我还是想唱唱反调。你回想一下，这些便宜产品难道不也是境外务工人员用血汗生产的吗？我们今天觉得便宜的东西以前在本地生产的时候也很贵。以前人们为了省钱，不也经常购买二手商品吗？如今，这些便宜的新产品不正是对全世界贫困人民的剥削吗？它们已经用信用借贷的方式将我们困在这无尽的消费怪圈脱不开身，还要让我们将高品质经久耐用的东西视为特权的象征吗？可惜的是，这些批评并不能解决实际问题，反倒会让我们分神，无法专注思考让社会各阶层生活都得以改善的办法。

我们拥有的东西不管生命周期如何，最终的命运似乎都是同一个，那就是垃圾堆。好在幸运的是，我们也并非没得选。我们可以大力支持循环经济，这种经济体制下，不管是原材料还是加工后的材料都会被重视，它们都会被用来生产高质耐用易维护的产品。就算产品完全不能用了，它的原材料还是可以再次被提炼，然后再度用于新产品的生产。举个例子，你知道电器产品其实含有很多像金银铂这样的贵重金属吗？这些金属原材料的提取过程是极其困难的，不仅消耗的能量是巨大的，还会造成严重的污染问题。这时候如果循环经济促进了这些材料的回收和再利用，那它们就仍有利用价值，仍旧会留在这个体系中而不是被当成废物扔进垃圾堆。

如果你愿意支持循环经济，有意打造一个更好的消费体系，你可以尝试下面的建议：

·要求产品具备可维修性（要么直接与品牌方沟通，要么支持政府关于产品可维修性的相关政策）。

·购买容易被回收利用的产品，要么它设计的初衷就是如此（产品融合的材料类型越少越好），要么厂家愿意回收旧物用于将来的产品生产（如果是这样简直是双赢！）。

·成为有责任心的市民。你可以跟当地政府部门（各个层级）以及卖家沟通，促使其支持具有可持续性的、公正合理的经济体系。你可以通过对话、呼吁，支持对方政策甚至动用自身购买力的方式与对方进行沟通。你希望自己的钱、自己交的税用在什么地方？你可以通过出席公众会议，给你支持的政党写信，投票支持相关政策，对发布的新政策、立法以及政府主持的创举要勇于表达自己的意见。

·找到你最感兴趣的话题，然后专攻于此。不管是动物人性化对待，有机农业还是维修权运动，只要你对这个方面的理性消费充满热情，你就可以专注其中并做出一定的影响。比如，在我还是职业城市规划师的时候我就对环境土地使用规划感兴趣。由于土地发展（这也是另一种形式的消费），大量自然区域从人们的视野中消失（比如森林和湿地），这让我很是难过，于是我通过给慈善机构进行捐赠来表达对自然保护的支持。作为个体，我们无法总是直接积极地对所有的事情表达支持，但是我们可以加入其他人一起为我们热衷的伟大事业努力奋斗。

· 你要记住商品的价钱并不能体现你所购商品的全部价值和真实成本。商品真正的成本可能包括因为生产而造成的生物多样性的损失，环境污染问题以及对工人的盘剥，包括微薄可怜的薪酬、恶劣的工作环境等。要你这样想并不是要增加你心中的愧疚感，而是提醒你不能只顾蝇头小利而错失大局，同时也是激励你参与其中，做出改变，促使整个经济体系朝着更好的方向发展。

· 支持二手经济。想要让有用的产品摆脱沦为垃圾的命运，节俭是一个重要的手段。此外，相比购买新产品，二手商品价格也更实惠！

如何才能做到买得更少、买得更好？

抑制消费的最佳方式就是什么都不买。听到这话你是不是惊掉了下巴？毕竟对于大多数人来说，感恩节的火鸡不去超市购买冷冻的恐怕不现实。但我不一样，我亲自尝试了一个月什么都不买，在第十一章"零购物月"中我详细分享了这段经历。在这里我也鼓励你们尝试一个月零购物，甚至可以更久。不用担心，我并不是说你连厕纸没了都不能买，你不可能因为这个挑战连屁股都不擦！准确地说，这里的挑战是指不购买任何不必要的东西，比如衣服鞋子、家居装饰品以及其他杂七杂八的东西。

买得更少并不是要你进行自我盘剥。当你买得少了，时间也就节省下来了（因为你花在购物上的时间少了），你就有机会专注于更重要的事情上了（比如结交朋友、陪伴家人、培养爱好等），同时你的钱也省下来了，有钱去还清账单了。不仅如此，当你买得少了，你产生的垃圾也就自然而然减少了（买新东西需要使用新的资源，可能造成环境污染，最终又会产生新的垃圾）。少买的好处有很多，但这种情况很难一直持续下去，很可能到达某个点的时候你又会开始购物。如果最后实在不得不购物，那就让我们来聊聊怎样才能选择买得更好吧。

这么多年我发现我买的那些高品质的东西往往用得更久，就算再转卖，价值也更高，哪怕我一开始买的时候就是二手的。这样高品质的产品往往更经得住时间的考验。我的衣橱就是一个典型的例子。我买的那些便宜的衣服在本地很少有寄卖店愿意收，就连送给我的朋友她们也不愿要。相比之下，我买的那些品质更高、用料更好、款式更佳的衣服，即便我不想穿了还是很多人争着要。你还记得我在前面一章提过的那些高跟棕色靴子吗？它们的质量非常好，还是意大利产的，走线针法尽显高级，穿起来也特别舒适。因此，即便是买了两年后（很可惜，我没怎么穿），当地的寄卖店还是热情地收下了这双靴子。不得不说它们实在是太美了，只是不适合我罢了。你看，哪怕是我穿过的东西，只要它们一开始质量过硬，再卖的时候仍旧具有很高的价值。事实上，不只是衣服如此，我买的、拥有的所有的东西都是这个道理。显然，经久耐用、经典脱俗的产品使用的寿命就会更长些，哪怕是一再转手，也深受大家的喜爱，这样的产品自然是具有可持续性的，对二手经济也是一种有力的支持。

如果你是因为破产了生活捉襟见肘，那你可能会这样想："呃，塔拉，你只教你的读者买高品质的东西是不是有点太脱离普通群众了！"我明白你的意思。我想说的是，和生活中任何事情一样，我们都是有目的地在向前迈进。当你想要更换生活中某些东西的时候，我认为在你提高自身经济能力的同时，你更要将"买得少而精"这个宗旨牢牢记在心间。就算你现在正靠着工资过日子，觉得这些话似乎还与你不太相关，也请你牢记这些话，因为待你将来经济富足之时一定用得上。另外，这个"买得少而精"理论并不仅仅适用于买新的东西，这种方法对于发展和支持二手市场同样有用。

新婚不久我和我的丈夫刚刚搬进第一个新家的时候（就是新婚一周后，一切都发生得如此之快），我们身上没有多少闲钱购买家具。因此，那时我们拥有的大多数东西都是从小到大就带在身边的，要不然就是从我们祖父母那儿继承而来的。对于那些祖传之物，还有那套我丈夫父母当作新婚礼物赠予我们的时尚工业风咖啡桌，我们心中是无比感恩的。

至于我们的餐桌，那是我的祖母赠予我的。那时她年纪已经很大了，身体逐渐佝偻，没过几年就去世了，终年92岁。我很喜欢这个餐桌，除了因为它本身很美，木材用料扎实之外，我更喜欢它历经沧桑的岁月感，它已经有一百多年的历史了，比我祖母年纪还大，所以算起来就连祖母一开始拥有它时都不是一件新品！等到它传到我手里，这张桌子的状况仍旧相当完好，它已经经历了漫长的岁月，却依旧还有漫长的时光、无数次家庭的欢聚等着它去见证。还有什么比这个更具有可持续性呢？尽管我们很幸运地从长辈那里继承了这些宝贝，但我们仍旧需要为我们的新家添置几件家具。于是我们开始了寻找挑选新家具的使命，虽然预算有限，但也希望挑选的家具经久耐用。

其实在拥有我们自己的家之前，我们是租住在一间公寓里的，里面只有基本的生活设施。我们的床只是一个简单的金属框架，上面摆放着箱形床垫，整个床甚至连个床头板都没有，可谓简单朴素到了极致。尽管它可能上不了加拿大最畅销时尚家居设计杂志《家与家居》，但它的确功能完善，物超所值了。为了让我们的新家更温馨，我四处寻找好看的卧室家具，希望它能给我们的小家带来愉悦和舒适。我在谷歌上一搜，结果发现全套的实木卧室家具居然要几千美元（至少我看到的那套要这个价，我丈夫还总说我只喜欢贵的）。虽然买不起，但我并未因此气馁，我又转战客齐集（Kijiji），很快我就找到了自己想要的东西。只需开车45分钟我们就可以取来一整套卧室家具，包括一张大双人床（带床头板的那种），两个床头柜，一张带镜子的梳妆台还有一个大衣橱，而这些加起来仅仅花了三百美元，于是爽快成交！

而这一切幸运的源头只是因为卖给我们卧室家具的那户人家，当时正在升级他们家的卧室，他们想给卧室换个感觉。正如老话所言，他们要扔掉的垃圾正是我求之不得的宝贝。这套卧室家具由全实木打造，品质极好，至今还在我家卧室摆放着。很多人来我家都夸我们这套家具买得好，而我每次都一脸自豪地同他们分享自己是如何以超实惠的价格买到这样品质优越的宝贝的。如今这套家具可能已经有16个年头了，但其仍旧无比坚实，完好如初。

我们都知道产生的垃圾越少越好，但问题是该如何做呢？我想"买得少而精"就是一个很好的办法。

"买得少而精"购物法

但愿现在的你已经相信成为一个理性消费者是一件值得尝试的事情了。不过任何新习惯的养成要是有框架可循就会变得简单得多。现在我就来跟你们讲讲我是如何用"买得少而精"这个方法来购物的，此法简单易学，你也可以试试！无论你什么时候购物，都面临着一个选择，要么买便宜低质的，这样的话你就免不了将来要修来修去（很可能你维修的钱还花了不少，最后制造的垃圾也更多），要么就是一开始买个质量好的，后期维护也方便，用的时间也更长（最后产生的垃圾也少，长远看来还更省钱）。对我来说，但凡可能我都会选择后者。但是在你最终决定买单付款之前你还有几件重要的事情需要考虑，比如问问自己："一开始是否真的需要买东西？"如果你想要在自己的生活中应用"买得少而精"购物法，你可以在购物时考虑下面这些小妙招儿：

制作愿望清单： 在第二章我已经介绍过了制作愿望清单的方法，通过将自己想要的东西列出来，可以有效抑制自己的消费。愿望清单可以帮你专注于"买得少而精"购物法当中的"买得少"那部分。

利用已有之物： 当你思考清单上的物品时，仔细想想你是否真的需要它，有多需要它。并且也不妨想想你是否已经有了可替代之物。比如，在你去购买明知自己很少会用到的比萨刀之前，问问自己厨房的水果刀是不是就可以代替呢？每次买东西之前都这样想想，你就会少买很多东西。

借用代替购买： 当我们需要什么东西的时候，我们或许可以向我们的朋友和家人借用。同样地，图书馆、工具库以及你所在社区的其他免费资源库你都可以去借，不管是书籍、工具还是厨房用具你都可以借得到，而且大多只需要你免费或者象征性地出个会员费就行。所以下次你在购买之前想想是否可以用借用的方式代替。

租用代替购买： 如果你的朋友和家人那里没有你想要的东西，当地的资源库比如工具库里也没有可以借用的，那你就可以考虑租用的方式。以地毯清洗机为例，这种专门用途的设备我们并不需要经常使用，买的话也过于昂贵。这时候你就可以问问当地的五金店是否提供设备租借服务，甚至你还可以在网上搜搜看是否有相关租借信息。总之，想办法把思维打开！就好像我丈夫和我就利用一个叫作户外运动爱好者（Outdoorsy）的网站租了一辆装备精良的拖车，这本是一家链接娱乐用车车主与潜在租车客户的网站，我们刚好借助这个平台租辆拖车进行当地自驾游。想想你可能租到你想要的任何东西，而你要做的仅仅是搜索一下是否有这个可能。而这就是"共享经济"，用"共享"代替"占有"，让同好之间的交易变得更便捷，听起来是不是很酷？同样的模式还有优步（Uber）和爱彼迎（Airbnb），你是不是感觉更熟悉了？所以可以租的时候为什么要买呢？你都不知道我有多庆幸家里的车道上没有一辆笨重的拖车占地方，还不需要对它进行日常维护！（反过来，你也可以出租家里的一些专业设备，还能赚点小钱！）

交换代替购买：你可以办一场车库旧物甩卖，只不过所有的东西都是免费的。你最好的朋友和家人把他们最好的（但是不需要的）东西都带来了！你可以考虑举办或者参加一场"交换活动"，拟定好主题，比如时尚专场、厨房用品、婴儿衣物、儿童玩具、植物修剪、家居装饰，等等。而且交换活动也不一定就要弄成盛大的现场活动，你也可以通过脸书群（Facebook groups）或其他类似的平台在线上举行，比如邦兹（Bunz），这是一家线上社区，人们可以在上面交换衣服，家具以及现实生活中的艺术品。

寻找免费替代：其实你想要的东西有很多免费的替代品，有人愿意无偿赠予，也有人愿意免费取用，刚好两全其美！我的一个好朋友就有许多积极的"以物易物"和"免费赠送"体验，她说："这是给那些原本打算扔进垃圾堆的东西赋予了新的生命。我把它们发到网上免费赠送，本以为没人会要，可没想到居然被哄抢一空。"跟交换差不多，这些免费的东西可能来自家人和朋友，也可能是从"什么也不买脸书群"（Buy Nothing Facebook groups）上获得的。除此之外，像克雷格列表（Craigslist）、客齐集（Kijiji）这样的线上市场以及免费回收网（Freecycle）这样的网络社区都是可以免费获取想要的物品的。你甚至还可能从意想不到的地方获得免费的物品，比如别人家门口的马路边。

自己动手制作：你觉得自己心灵手巧吗？你认为自己充满创意吗？如果你是一个动手能力超强的人，你完全可以考虑自己动手制作自己想要的东西，不管是艺术作品、家具还是家居装饰，你都可以自己做。不管你是从无到有开始做，还是旧物升级改造，也就是利用现有的产品、材料或者把已经被视为垃圾的材料制成新的产品，只要你想做，可供选择的方式多种多样。自己动手不仅可以废物利用，节省开支，还可以发挥创意，获得快乐，可以说是一件一举多得的事情！

旧货也能淘宝：如果你觉得上面提到的方法太劳心费力，那么购买二手商品就是不二之选了，因为这个方法在满足你需求的同时，还既划算又环保。就好比我上面提到的例子，当我以300美元买到了梦寐以求的全实木卧室家具的时候，我不仅省了钱（好几千美元呢），还做了一个更为环保的决定（这套家具已经是成品了，自然不需要再耗费资源去制作了）。通常来说二手商品都比较环保，因为制作商品必需的资源已经被提取了，生产过程也已经完成了，运输也结束了（当然，除非你是网购，那样的话就还需要一道运输工序）。而你知道购买二手商品最妙的部分在哪吗？那就是你赋予了旧物全新的生命，使它避免了沦为垃圾的命运。所以直接去你们当地的好意慈善事业组织（Goodwill）、寄卖店或者像克雷格列表（Craigslist）、客齐集（Kijiji）这样的线上市场，或者类似VarageSale这样的应用软件，以及eBay和thredUP这样的电商平台购买你喜欢的二手商品吧！

要买就买得好：如果你找不到免费替代或者二手商品，那么"买得少而精"购物法中的"买得精"就成了你最后的选择。那么什么才叫"买得精"呢？买得精是指你购物的时候尽可能地购买质量好的产品，主要体现在材质经久耐用，结构设计精良，方便维护维修，同时它的生产过程应体现人性关怀，整个生产供应链都能确保良好的生产环境，合理的劳动报酬；此外产品的生产还应注重环境保护，体现可持续性，从始至终都要将保护地球牢记心间。你不想自己新买的东西最后的命运是走向垃圾场吧？如果你不想，那就在你下次进行"少而精"的购物时记得问问自己下面这些关键问题。

· 这个东西可以用很久吗？

· 这个东西看起来设计精良吗？耐用吗？

· 这个东西的用料品质高吗？

· 这个东西容易维修吗？我自己就能修吗？

· 产品背后的商家提供长期或终身质保吗？

· 几年后这个东西还有用吗？

· 几年后我还会想要这个东西吗？

· 这个产品的用户评价如何？好评多吗？

· 如果有差评，那么差评主要是哪些方面？

· 这些评价揭露了产品的哪些信息？

如果你经常采用"买得少而精"购物法，你就会变成一个更为理性的消费者，只是这里的"买得精"到底如何理解呢？像"可持续性"与"人性化"这样的词经常被用在产品营销上，目的是帮助我们消费者买到生态友好型产品。然而不幸的是，这些词往往被毫无根据地使用，明明不是生态友好型产品也照用不误，这就导致了一种"漂绿"（green washing）现象。换句话说，就是聪明的市场营销试图把那些本不环保的产品当作"绿色"产品卖给我们，而背后的真相你只需稍加留意就能觉察。为了避免这种"漂绿"现象，你最好的做法就是在购买产品之前做好调研，确保品牌方对于其生产，用料成分是公开透明的（如果可行的话）。如果你没有时间做这样收集情报的活儿，不如直接去找那些适合你的资源，比如 Buy Me Once 网，这是一家网上商城，你在上面就可以买到很多经久耐用、绿色环保的产品。

这些年我逐渐明白一个道理，那就是绿色环保真的是一个主观感受非常强烈的潮词，它的定义可谓五花八门！我能给你的最好建议就是你对什么是"买得精"、什么样的品牌才是"环保人性"要有自己的定义。只有你对什么是好品牌、好产品有了自己的认知，你才能挑选出最适合你的产品（和服务）。在这件事情上就算我乐意为你服务，我们也很可能会出现意见相左的情况，让我给你举个例子看看。

你知道我们衣服中其实有很多人造材料，比如聚酯纤维，其实都是塑料做的吗？你知道这种材料叫的这个名字也不过是对聚对苯二甲酸乙二醇酯的简称罢了吗？说到底这些材料就是一种塑料。过去几年里，人们才逐渐意识到这种材质在清洗的时候会释放出微塑料进入我们的水域，而且是大量的微塑料。根据科学家们的评估，自20世纪50年代人造材料制成的衣物大量生产以来，因浣洗衣服产生的人造微纤维排放达到了近500万吨。这是一个多么令人咋舌的数字！而最糟糕的是这些微塑料还会随着食物链进行传播，现在已然出现在我们的饮用水和空气中了。

基于这样的情形，利用回收的塑料作为新衣物的原材料就开始变得盛行，目的就是促进循环经济。其中一种典型的形式就是可持续发展计划。虽说是可持续发展，但也有人会跳出来反驳这种方式恰恰不具有可持续性，因为通过回收塑料制造更多的塑料纤维和衣物制品其实就是在制造更多的微塑料污染。而替代人造衣物的方法当然就是使用像棉花、羊毛、大麻这样的纯天然材料了。可即便是这些纯天然材料，它们也有自己的环境足迹，就以棉花为例，制棉需要耗费大量的能量和水，种棉花的过程中还需要使用大量的杀虫剂。一旦你开始深究下去，你就可以陷进去出不来了，只能抓耳挠腮地问自己："到底有没有什么东西是真的具有可持续性的？"

其实可持续性并不像我们想的那样简单。即便是环境学者间对于什么是可持续性，什么是生态友好，什么是轻质生活这些问题也存在争议。像这样关于到底什么才具有可持续性的争论可能永远没有止境！事实上，他们的确对此争论不休，就好像我们在新闻中听到的那样，学者专家们常常就气候变化的议题争得面红耳赤。因此，你要做的就是设立自己的价值标准，明确对你自己而言什么才是更好的品牌、产品和服务，同时积极使用"买得少而精"购物法作为自己的指导。

你是不是担心自己没有时间做这个？不用担心，很多人也都没有时间做。幸运的是我们有更快捷的方法辨别一个品牌是不是具有可持续性。虽然我还是认为你应该在心中设立自己的价值标准，甚至把它们写下来，但是为了方便快速上手，我在下面提供了一些更直接的方式帮助你快速辨别自己喜欢的品牌是否满足你的标准（同时避免"漂绿"）：

获得认证的共益企业（Certified B Corporations）：获得认证的共益企业是指那些为了平衡收益与宗旨，在社会效益、环境效益、公开透明性以及法律责任上都达到最高标准的企业。为了重新定义企业成功，努力构建一个更具有包容性和可持续性的经济，获得认证的共益企业正在加速全球文化转变。

"对你好"（Good On You）应用软件：基于品牌在环保和社会效益的表现以及它们对动物产生的影响，"对你好"软件对时尚品牌进行了排名。你只需检索品牌目录就能找到你最喜爱的品牌的排名情况。

美国环境工作组[①]：美国环境工作组的使命就是"让人类在一个更健康的环境中过上更健康的生活。随着研究和教育方面取得的突破，我们引导着消费者的选择和公民的行为"。该组织覆盖的领域主要包括消费品、化妆品、能源、农业、食物、水、化学物质、有毒物质以及儿童健康等。登录美国环境工作组的官网www.ewg.org，你会发现这是一个非常有用的资源库，里面不是晦涩难懂的研究，而是通俗易懂的文字，甚至还对具体的品牌进行了鉴定，帮助消费者进行甄别。如果你想更方便省事，你可以直接去EWG认证品牌中挑选个人护理产品、清洁产品以及婴儿用品，这些产品列表在EWG的官网都可以找到。

理解你自己的价值标准会让你在做出消费决策的过程中变得理智。而采用"买得少而精"购物法又是这个过程中的重要一环。当你要支持某个企业和品牌的时候，一定记得你的决策要基于你自己的价值标准。至于你自己的价值标准怎么来，你可以通过自己的研究调查获得，也可以借助认证共益企业，或者是像"对你好"应用软件以及美国环境工作组这样的组织，通过它们调查的结果来获取自己的价值标准。

[①]美国环境工作组（EWG）：美国环境工作组是设在华盛顿的一个非营利、非党派的民间环保调查组织，成立于1993年，致力于产品检测和评级。

在我们结束这个章节之前，还有另一件事值得我们考虑，那就是到底是网购好还是实体店购物好。尽管表面看起来是个很简单的问题，但其实无论是哪一种购物方式都伴随着一堆极为复杂的可变因素。我们简单地对这两种方式进行分析，你基于自己做的选择进行利弊权衡，看看到底哪一种更环保。

网购： 从某些方面来说，相比开着车一家店一家店地逛，网购可谓环保多了。比如，如果你选择普通快递而不是加急快递，营运中心就可以高效地进行打包然后安排货车进行配送，相较你自己开车去不同的店选购然后带货回家，这种方式的碳足迹明显减少。不过如果你选择当日送达或次日送达，产生的碳排放就会更高，因为同一货车所配送的货物少了，相比之下属于一种低效的配送模式。另外，现在许多网店都是直接对接消费者，这就意味着它们不需要什么店面维护，自然也就省下了各种水电能源以及土地租用的费用，而这些都是实体店逃不掉的。然而，网购的确导致了过度包装的问题，比如泡塑包装、纸板和胶带的大量使用。此外，网购退回的商品有时就直接被扔掉了而不是再度销售，因为对于公司来说，评估被退回的商品是否达到再度出售的标准这道程序太费钱了。

实体店购物： 实体店购物的一个重大好处就是你用自己的消

费行为支持了当地的经济，尤其是当这个企业为本地所有的时候。同时在当地小镇购物也意味着你可以高效地规划自己的购物之旅和行动路线，你可以选择步行或当地的交通来减少自己的碳足迹（如果你住在城镇的话）。你也可以在购物时使用自己随身携带的购物袋，这样就可以避免因为配送而产生的包装浪费了。而且亲自去实体店选购的话退货的情况就会相对少很多，因为你是在自己亲眼看到实物后，甚至亲自试过货物后才下单购买的。

说了这么多，我其实是想告诉你，不要太纠结是选网购还是实体店购物了，因为比来比去，左思右想，斤斤计较所产生的疲惫感会让你两个都不想要，干脆放弃算了。所以，归根到底还是看你自己的价值标准在哪里，看你自己对可持续性的理解。但是，有一点要注意，那就是尽量避免网购退货！

其实我们每次付款的时候，都是在用自己的金钱支持我们想要生存的世界。如果我们对于自己花出去的每一分钱都要分析得清楚透彻，那未免压力也太大了。我不是要你成为完美的购物者，因为我们无法确保自己花出去的每一分钱都会让世界变得更好。不过话虽这么说，我还是相信我们能通过自己的购物来支持共享经济、二手市场以及那些秉持"环保人性"理念的企业，同时支持它们也让我们自己变得更加理性。

现在让我们以一个例子来看看作为一个消费者如何做出理性的决策。假设你的咖啡机坏了，那么这时候大多数人会做的第一件事是什么呢？我想大多数人想都不想就会把这个坏了的咖啡机扔了然后再去买台新的，可能除了新咖啡机的价格和颜色他们就不会再多想别的了。但是作为一名理性的消费者，我们的第一想法应该是尽可能地修好这台咖啡机。如果能够修好，那自然再好不过了。如果修不好，我们再使用"买得少而精"购物法去寻找一个合适的替代品，因为那时候咖啡机就出现在你的愿望清单上了。现在让我们来看看具体的操作流程：

1. 利用已有之物： 你家里还有别的东西可以制作咖啡吗？或许你橱柜后面就有台正在吃灰的法式咖啡壶。这时候你真的需要再去买一个咖啡机吗？如果你找不到法式咖啡壶，那就请看下一步。

2. 借用代替购买： 如果你每天都要使用咖啡机，那这个方式就不太适用，但如果你父母有台咖啡机从未使用，或许你可以去问问看能否"永久借用"。如果不行，那就直接进入下一步吧。

3. 租用代替购买： 同样地，如果你每天都要使用咖啡机，那这个方式也不太适用，直接进入下一步吧。

4. 交换代替购买： 你可以去当地的脸书交换群或者 Bunz 上看看是否有可以用自己不想要的东西交换，别人也刚好想要甩手的咖啡机。没有？那就直接进入下一步吧。

5. 寻找免费替代： 你可以去你的"什么也不买脸书群"（Buy Nothing Facebook groups）和其他线上商城看看有没有免费的咖啡机，要是在那里也找不到自己想要的，那就直接进入下一步吧。

6. 自己动手制作： 嗯，除非你是个发明家或者工程师，否则这条并不太适用，还是直接进入下一步吧。

7. 旧货也能淘宝： 你可以去当地的旧货市场或者 eBay 上看看是否能买到品相及性能都不错的二手咖啡机。如果你在那里也找不到自己想要的，那就进入下一步。

8. 要买就买得好： 如果上面的办法都不能帮你解决问题，你还是无法找到一台心仪的"次新"咖啡机，那你可能是时候买一台新的了。你可以在符合自己预算的价格区间内找找看是否有经久耐用、品质优良的咖啡机（记得看用户评价）。然后根据你自己对于好产品的标准，挑选最适合你的咖啡机！

"买得少而精"购物法并不是要你去追求什么完美的产品。和生活中大多数事情一样，我们并不总能找到符合我们所有要求的东西。所以对于你的众多标准你要列一个优先级，耐用性、实惠性、环保性，什么对你来说是最重要的，什么次之，你要排个序。但总之一句话：要买得少而精。

承担责任

当你阅读本章的时候,你可能已经开始反思一些品牌了。这些品牌虽然深得你喜爱,但却与你正在形成的价值标准不符。每当谈及鼓励人们成为理性的消费者时,总有人会跳出来批评,他们常用的一个观点就是这么做是把收集情报的责任强加给了消费者。诚然,维持理性生活方式确实需要进行大量的调研,我也同意不能把这些任务完全压到你们的肩上。因为在确保所有的商业行为都朝着可持续性发展转变这件事情上,还有很多人需要承担关键性的角色。这些人包括企业拥有者、制定法律及政策的政府官员、政客们以及议院外的陈情者们,等等,他们的努力和理应承担的责任,才是令整个经济体变得更具有可持续性的关键所在。

在推行自己的理念这件事情上你已经投入了极大的精力,所以你可能想要联系企业们让它们改变自己的运营模式,同时你也想成为具有责任感的公民,与政府共同为这些事情发声。因为我们的身份不只是消费者,我们还是国家的公民。我们未来的居住之地由我们共同打造!如果你真的想要参与其中,下面这些建议可供采纳:

写信和发邮件: 你可以写信或者发邮件给企业,让其知道你想看到怎样的改变,什么样的改变才能支持一个更环保更具人性的未来。记住你一定要给出具体的建议。

上呈请愿书： 如果你有某个具体的事件或者议题需要解决，那你可以通过民众请愿的方式解决政府管理和公司政策上的问题。你可以先进行宣传，然后亲自或者通过在线平台，如Change.org，一个免费帮助民众或组织进行数字请愿的平台，来收集民众的签名。

参与其中： 你可以通过参加志愿活动，加入相关的委员会，出席公开会议等方式来成为具有参与感的公民。尽管在社交媒体上表达你对自己推崇的伟大事业的关注也是一件很棒的事情，但若是能直接参与其中那一定会让你更有掌控感，产生的效果也一定是显著的。

反思与核查列表

你想象中的未来是什么样的？并非所有人都想通过可持续性的生活方式让这个世界变得更好。目前来看，是我们这样的人，通过书中提到过的各种行动在推动这个生产和消费系统朝着更公正合理的方向发展。但最终我希望有一天，迟早有这么一天，每个人（不管是不是环保主义者）都能毫不犹豫地支持那个更好的系统。我是在白日做梦吗？或许吧。但我不会因为梦想遥远就停下脚步，我也不会让你们停下脚步！

我在前面提过很多次，本书不是要你变成完美的消费者，不是要求你拥有最环保的衣橱（里面都是卡其色的裤子，滑板鞋或其他什么的），不是为了兜售我们的新能源电动车，也不是要你站在屋顶大喊我们的植物性饮食①。当然这些事情我们都可以做，只是有一点要注意，那就是一旦不加以约束，这些又会变成另一种形式的攀比，除非这些攀比是比谁更环保。我们一定要记住的一件事情是：没人需要为买不起更环保的产品而心怀愧疚，我们绝不需要什么"生态羞愧"。成为一个理性消费者也并不是要你产生什么新的罪恶感，而是帮助你了解更多，做得更好，成为一个具有责任感的公民，用自己的金钱和行动来推动世界的改变。

你准备好捍卫自己的信念了吗？或者你准备好成为一名理性消费者了吗？下面是本章活动的核查列表，你可以从这些活动开始你的转变之路。

---

① 植物性饮食（plant-based diet）：就是以摄取植物性食材为主要饮食来源的饮食法。

○ 从消费的"享乐跑步机"上下来

○ 反思下面这个问题：我所拥有的东西和我想要的东西中（既包括物质的东西也包括生活方式）有多少是基于我的真实需要

○ 思考如何通过维修自己的物品和购买高质量的产品来支持循环经济

○ 了解你购买的每件东西的真正成本

○ 购买二手商品

○ 采用"买得少而精"购物法去获取你愿望清单上的东西。这个方法你用得越多，就越容易成为你的第二天性

○ 基于你自己的喜好和理念设立自己的价值标准，明确对你自己而言什么才是更好的品牌（比如环保，人性）

○ 成为有责任感的公民

· 第四章 ·

清理储物架

"谢谢！不需要袋子！" 厨房零废弃购物与清理储物架

告别薯片

尽管我和我的丈夫保持低废生活已有多年，但他为了不让我发现，仍然会把多力多滋（Doritos）薯片和其他袋装零食藏在一些奇怪的地方，比如不是用来储存食物的柜子或者汽车副驾座的后方。我猜他这么做一方面是为了方便拿取，另一方面也是为了瞒着我。似乎只要我没看到，这些零食就不存在。可奇怪的是无论他把饼干和薯片藏在什么地方，我总能在偶然间发现。事实上，我从来没有不让他享用这些袋装零食，我也不是什么"包装袋缉拿警察"！我关心的只是我们食用袋装食品产生的影响，并希望把这种影响尽可能降到最低。

残羹剩饭、过度包装和各类清洁用品，天哪，厨房真是能藏杂纳废。但厨房不是非得那么杂乱不堪。我们关注垃圾处理的本质其实是在关爱自己、他人与环境。你能想象自己在获得内心平静的同时还能将厨房打理得井井有条吗（甚至连你的生活也变得井然有序）？这种一举两得的事情是不是听起来很棒？别急，还有更好的消息，那就是它在现实中是完全可以实现的。

简单而言，本章主要包含五个部分：清理储物架、在本地寻找低废弃替代品、用自己可重复使用的袋子·瓶罐购物、减少餐厨垃圾并开始堆肥,最后简单谈谈吃什么。

或许你会问:"为什么要费这功夫呢?"当然是因为这么做的好处实在很多。首先,你会省钱(因为你会更理智地购物,只买必需品)。其次,你会吃得更健康,说不定还减掉了几斤一直甩不掉的肥肉(因为许多袋装食品往往过度加工且含糖较高)。不仅如此,你的橱柜、抽屉和架子也将变得简洁(因为你简化用品,减少浪费,并以更美观的方式储存食物,方便查找)。只需一次清理,你就可以形成新的储物方法,往后整理所需的时间就会大大减少。当你做饭和招待客人时容光焕发,家人朋友会问你到底施展了什么神奇魔法竟让厨房焕然一新?这时你就可以微笑着告诉他们:"环保的感觉实在太棒了!"

对了,如果你住在远离人群与商店的偏远地区,比如山上或小岛上,你的低废弃厨房将不同于我或其他人的。一切取决于你住在哪里、有什么可用资源、你的废弃物管理体系、预算以及期望目标。让我们开始吧!

清理储物架,打造梦想厨房

减少厨房废弃物绝对是一个"真香"理念!不仅有助于我们

只买需要的食品和用品,还能改善我们的厨房布局,让我们一眼就能看到所有食物,给我们带来满满的幸福感。不过,在我清理厨房废弃物之前,储物架上那些多余的食品包装曾经让我痛苦不堪,找个东西就像刮彩票一样。我本想找一袋杏仁,伸手去储物架上取,结果拿到的却是蔓越莓干或藜麦,于是我只得再找!

除了难找,储物架最里面往往都是买了几年的"藏品"。有意思的是,这些过期已久、包装完好的食品看起来和买下那天并没有什么两样。虽然我经常怀疑这些还能不能吃,而且我知道还可以把它们"投喂"给无法分辨食用期限、不懂食品质量好坏的丈夫,但我还是觉得心存内疚,为了避免他吃了之后患上未知疾病,我把它们都扔了。毕竟安全总比生病好,对吧?

因为我居住的地区不回收软塑料,而且我们扔掉的是过期(未开封)食物,所以上面提到的这种食品存储使用方式最终导致了废弃物的产生。于是我的第一步就是清理厨房,把所有食物都从冰箱、橱柜和抽屉里拿出来,然后扔掉其中已经变质的,捐赠未开封的或者自己不太会吃的包装食品(当然,必须确保没有过期)。对于藜麦、杏仁和蔓越莓干等包装食物,我丢掉了原包装,然后把这些食物转存到玻璃罐中。现在我终于不用靠猜,而是一眼就能看到储物架和冰箱里装了什么。说实话,把所有食物都装进玻璃瓶或其他漂亮的瓶瓶罐罐，再将它们摆上储物架，这种感觉简直如同梦幻一般。完成这一切之后我很有成就感，我相信你要是这么做了也一定会有相同的感受。而这种感受就是我们需要的即时满足感，激励我们继续前进。

为了保持清理势头，我的下一步措施是在笔记本上列出我们可能复购且存放在厨房的食品。丈夫这时在沙发上看着电视，转头看我列清单，一副"你好像有点走火入魔"的表情，但也知道我在做一件大事。我大致划分了食品包装类型（堆肥、回收、垃圾等），并列出了每类食品的低废弃和无塑料替代品。如果找不到低废弃备选，我们俩就必须决定是否继续购买。这里必须提一句，多力多滋薯片没有入选，至少我是这么认为的……

现在轮到你清理储物架了。请环视厨房，逐一清理。你可以花一整天进行大扫除或者根据实际情况分批次进行整理，总之怎么方便怎么来。首先你需要检查厨房每个角落，全面了解厨房各种废弃物，记得带上纸笔随时记录。记住所有橱柜和架子里里外外都要仔细查看，也不要忘了冰箱冷冻室和冷藏室。然后在清单上列出所有食品（至少是重要食品），确定其包装属于垃圾处理回收流程中的哪个环节（根据所在城市的垃圾处理系统），并想想该食品有哪些低废弃或无塑料替代品（如果有的话）。有时，低废弃食物需要自己制作,但不是每个人都有时间。所以,自己决定就好。清理储物架肯定会是一个痛苦的过程,所以不妨畅想一下完成清理后厨房简洁有序的样子,这样你就如同施展了神奇魔法,过程中的艰苦付出全都被你抛诸脑后。

假如你在储物架上发现一些盒装麦片,并且这是你经常复购的食品,就请按照包装盒上和内袋的分类标志(如果你所在城市这样分类)进行回收或处理,然后在本地寻找替代品。有些替代品需要你事先有所了解,之后你再次去商店时,就知道用自己的瓶罐或可重复使用购物袋购买麦片来避免包装废弃了。或者,你也可以完全放弃包装麦片,选择低废弃的格兰诺拉(Granola)麦片(购买无包装版或自制)。以此类推,你可以把厨房里的所有食品换成你想要的低废弃版本。为了缩短这个过程,你还可以归类相似的食品食材,比如香料,并保持清理替换进度。

食品	可堆肥?	可回收?	可填埋?	低废弃选项
盒装麦片	未知	纸盒	塑料袋	在商店散装区购买麦片
面包	未知	未知	塑料袋	在面包店买面包并自带袋子,或用可堆肥或可回收的牛皮纸袋打包
调味品	未知	塑料包装	未知	选择玻璃瓶装而非塑料瓶装的调味品

续表

食品	可堆肥?	可回收?	可填埋?	低废弃选项
鹰嘴豆泥	未知	塑料包装	外包装的塑料薄膜	自制（我家基本上是我丈夫做的）
肉类	餐后剩肉	未知	保鲜膜和塑料托盘	购买使用包肉纸包装的肉，这种纸可以堆肥
袋装牛奶	未知	未知	塑料袋	用可退还的玻璃瓶装牛奶
花生酱	未知	塑料包装	未知	买玻璃罐装，不买塑料罐装
袋装农产品	未知	未知	塑料袋	购买无塑料包装的农产品
酸奶	未知	玻璃或塑料	单人份酸奶的可掀开盖子	用可退还的玻璃瓶、可以重复使用或回收的玻璃容器装酸奶

以上是我清理厨房储物架部分清单：

清理并进行低废弃替换也是厨房整理收纳的好机会。在此过程中，请确保自己和家人能够简单而正确地进行分类。如果符合分类，请把相关废弃物放入堆肥箱或回收箱，避免可堆肥或可回收的废弃物却最终倒进垃圾箱。如果你打算开始使用自己的瓶罐和可重复使用袋子购物（详见下文），你可以先把厨房里的包装制品转存到这些透明容器里。当你毫不费力地在厨房看到并找到食品（不需要东拿西拿了），你会更愿意吃这些食物，避免浪费。清理厨房储物架不仅是减少废弃的好方法，而且最后你也会有成就感，谁不喜欢井井有条、漂亮整洁的厨房呢。请记住，厨房是家的中心，值得你在减少废弃物的同时进行美化清理。

寻找低废弃商店与厨房替代品

我在列低废弃食品清单时，有些替代品并不是当时提笔就写出来了，而是花了一些时间研究和实验才厘清自己的购物新流程。首先，我想知道去哪里买牛奶？在加拿大安大略省，牛奶常以纸盒或塑料包装出售。寻找可持续方式购买牛奶，替代常购牛奶品牌成就了一次有趣探索。最后我发现可以租借店家的玻璃壶和玻璃罐分别买牛奶和酸奶，买完退还两种容器给店家，店家返还我押金。你应该注意到我在上文表格中已经列出了这种低废弃购买方式。买面包的话，我发现市里有几家面包店，我可以用自带的可重复使用袋子或牛皮纸袋打包，不用塑料袋。买鸡蛋的话，我在几个养鸡的朋友那里购买，然后把鸡蛋盒还给他们重新使用（在农贸市场购买鸡蛋也是如此）。这一系列尝试让我有机会更加了解农贸市场摊主，并且选择在小型商店选买，而不总是在大型连锁店采购。话虽如此，但这种方式仍然属于传统商店购物，我们选购这些商店所能提供的低废弃和无塑料商品，但基本忽略了其他商品及其低废弃替代。

当你在清理储物架时或许没法马上找到所有替代品（如果你能快速找全，给你点赞）。你需要花时间在本地找到适合自己的替代品与相关资源，但这也是一个非常有趣的过程，享受这种体验吧。你可以请朋友、家人和同事推荐，或是在常去的店里以新方式购买，或是发现未知的隐藏宝藏食品。我很喜欢这种新奇体验感，相比之下，在大卖场买东西总会让人感觉冷漠。虽然之前我去过一些本地人开的小店，但在减少废弃后我更加频繁光顾这些小店。我喜欢看到熟悉的面孔。当你成为常客，认识了一些店员，而他们也知道你的低废弃偏好，你会有种亲近感。有时，你会遇到新店员，需要再次解释自己的购物偏好，但正好可以宣传减少废弃的理念。

为了鼓励自己坚持下去，提醒自己不忘转型低废生活的初心。或许是因为看了某部纪录片，比如《塑料海洋》；或是读过的一本书，比如大卫·爱登堡的《我们星球上的生命》。当你想要放弃，当你厌倦向新来的收银员解释自己的购物偏好（感觉似乎讲了一百遍了），可以重新看看那部鼓舞人心的纪录片，或者找类似纪录片（比如那种讲述地球天崩地裂，人类大祸临头但最终战胜困难的影片）。

如同一次旅行，你是路上的行者，旅行的意义在于实现自我转变。庆祝自己的每一次进步吧，无论是一大步，还是一小步。我记得买到玻璃瓶装酸奶时的兴奋劲儿，因为这种瓶子可退回后再使用。你牢记自己为什么转变，庆祝每一次进步，你会更有动力迈出下一步。更加美妙的是邀请家人和朋友加入这趟旅行，你们将有更多交流话题，而且甚至可能让他人转向可持续生活（第八章将展开这个话题）。现在让我们一步一个脚印去完成转变，走到旅行的终点，那时你会发现当初看来具有挑战性的事情已然成为习惯。以下一些简单建议有助于你在本地寻找低废弃产品。去吧，踏上自己的转变之路，低废弃简洁生活就在眼前。

在本地寻找低废弃替代品的建议

· 如果能找到专门的零废弃商店，那就太好了！你会找到所需的一切，甚至还有其他零废弃产品，这样你就能减少很多废弃。

· 在商店散装区或散装批发店购物（如果不用自己的袋子，使用店家提供的塑料袋或纸袋，这些袋子比在一般商店过道上拿的那些更环保。）

- 携带自己的袋子、瓶子、罐子购物（详见下文）。
- 购物时携带可重复使用的购物袋、大手提袋或篮子。
- 使用可重复使用的散装袋、面包袋、蔬果袋。
- 使用可退回瓶罐（用来装牛奶、酸奶、坚果奶、酒类等）。
- 在当地农贸市场购买无包装的本地新鲜农产品。农贸市场是低废弃购物的好地方。你会发现摊主乐意回收和再利用纸篮（装桃子或苹果）、塑料或卡纸板制成的绿色篮子（装浆果）。
- 购买美味面包和较少包装的烘焙食品，支持本地面包店。
- 自己酿制红酒。
- 自己酿制啤酒或在当地啤酒厂打酒。
- 在菜园里种菜（在社区花园，或者用营养液栽培法在后院或阳台种植）
- 使用罐装或腌制食物。
- 购买数量多、包装少的（散装）食品。
- 如果没有低废弃替代品，选择以更易回收材料（如玻璃、卡纸、铝制品）包装的产品。
- 自制食物（比如我丈夫做的鹰嘴豆泥），否则都会有包装。
- 如果没有低废弃替代品，考虑不买。
- 加入当地社区支持农业项目，你在收获季前购买农场会员资格（为农民提供稳定财务支持），这样就能定期收获当地新鲜的应季农产品。

· 如果你是网上购物并且选择店家送货上门，请提前给商家打电话，告知工作人员减少废弃（比如农产品无需塑料包装，尽可能避免使用塑料袋）。

· 加入可重复使用包装项目。付押金租用包装或容器后再退还的项目越来越多，为食品外卖盒、咖啡杯和杂货手提袋等包装实现可持续利用提供了便利。比如，包装循环利用平台 Loop 与美国冰激凌品牌哈根达斯（Häagen-Dazs）、美国家居环保日用品牌 Seventh Generation 等产品供应方合作，将客户订购的品牌方货物采用可重复使用材料包装后，送货上门，然后再上门回收原包装，甚至运输箱（即 Loop 大手提袋）也可重复使用。

关于低废弃替代品，我想简短补充一下：不是哪一样食品的低废弃替代品，你都能找到，或许你只是没有时间去找。如果说你想为某种主食寻找替代品，但又找不到且自己又想吃，那就继续吃吧，道理就是这么简单。找不到替代品的原因有很多：可能潜在过敏（散装区食物或存在交叉污染的风险）、带着目的购买（就是要买预先切好的、包装好的产品）、不一定能买到特产或民族风味食品，还有些有机产品经常以塑料包装出售，才不会与非有机产品混合。比如，我和丈夫都无法接受高级奶酪的价格。虽然偶尔从奶酪店（我们用自己袋子打包）买点高级奶酪也不错，但我们实在无法承受这么高价的家庭日常主食。我们选择了放弃，有时会买塑料包装的奶酪。此外，我吃无麸质食品，但我买不到无包装的无麸质面包。由于无麸质面包采用塑料包装以防污染，所以我有时只能硬着头皮买。虽然可以尝试自制，但我承认我不喜欢做饭和烘焙。所以，我只在要吃无麸质面包的时候才自己做，这就是生活。

清理储物架本质是自我赋能的过程。你努力清理储物架开启自己的低废生活本身就是一件很酷的事。不要让那些"环保卫道士"[①]妨碍你（他们就躲在某处，蓄势待发，时刻准备谴责你的"不足"）。"环保卫道士"可能是你认识的人（朋友或家人），他们会说你所做的还不够，或者说你做了也没什么意义。"环保卫道士"也可能是陌生网友，尤其是当你在社交媒体上分享环保图文时，就会招来黑子和喷子。我就遇到过不少，他们在我的社交平台状态下留言评论："你吃乳制品，你就不可能是环保主义

---

① "环保卫道士"（eco-shamers）指非建设性地挖苦、责备，甚至侮辱他人在环保方面不够努力或不符合其标准的人。

者。"好吧，这根本就不关他们的事！而且，我不相信仅靠简单的"一分为二"就能划定是否环保。不过，我仍不得不花点时间（现在也是），想想这些负面评论与我的生活有多大关系。经过反思，我决定既可以吸取别人的见解，启发我继续改善生活，也可以全然不顾这些评论。我从此也收获了启发：庆祝自己的每一次进步，接受自己的不完美（不用担心被打上"不足"和"缺陷"等标签，不完美就是不完美）。做对自己、生活、家人最有利的事，无须他人置喙。

厨房用品的低废弃替代品

清理储物架和改变购买食品方式是减少废弃的好方法。但我们为什么仅止步于此呢？除了食物浪费和食品包装外，许多人还在厨房里用一次性包装重新打包食物。此外，你可能还在美妙的晚餐聚会和后院烧烤中使用一次性餐具。下文提供了一份替换厨房用品（非食品）的完整清单，方便你完成替换。这也是增加人脉和学习新知的好机会。如果你没有预算购买蜂蜡布，要不试试在家自制？参加线下工作坊或网上研讨会，有助完成下方厨房用品替换，也能认识志同道合的新伙伴。

· 铝箔纸→硅胶烤盘、可重复使用的锡箔纸

· 杯子蛋糕模具→硅胶杯子蛋糕模具

·瓶装洗洁精→固体洗洁精、可续装洗洁精

·一次性咖啡杯→可重复使用的旅行咖啡杯

·一次性咖啡滤纸→可重复使用的咖啡滤纸、法压壶

·一次性餐具→可重复使用的餐具（不够的话，向当地的工具馆或家人朋友借吧！）

·一次性毛巾→可重复使用的餐巾布、一次性水瓶→可重复使用的水瓶、自来水过滤器（如果你不喜欢自来水的味道，或者你正遭遇水污染问题，考虑一下低废弃的清洁饮用水）

·纸质午餐袋→可重复使用的午餐袋

·纸质餐巾纸→可重复使用的布餐巾纸

·纸巾→布毛巾、非纸质毛巾

·烘焙油纸→硅胶烤盘、可重复使用的锡箔纸

·塑料面包袋→可重复使用的布面包袋

·塑料洗碗刷→竹子刷柄加天然刷毛

·塑料购物袋→可重复使用的购物袋或储物箱

·塑料农产品包装袋→可重复使用的农产品布袋

·塑料三明治包装袋→可重复使用的硅胶袋、带盖盒子

·塑料吸管→不用吸管、可重复使用的吸管

·塑料包布→蜡包布（如蜂蜡包布或大豆蜡包布）、碗盖布、

带盖的瓶罐

·茶叶包→散装茶叶加沥茶器

请记住，你不可能一夜之间就完成所有替换。做好准备，慢慢替换厨房用品。或许你想一次性完成所有替换（为你的进取心点赞），但巨大工作量会让你不知所措。所以，区分轻重缓急，从最需替换的用品开始。一旦开始重复使用，你就会开始思考应该如何处理之前剩余的一次性用品呢？你可以自己用完，也可以送给亲友，又或者把未开封的捐赠给慈善机构，他们会很乐意接受。另一个方法是把这些一次性用品重新利用。例如，塑料三明治包装袋可以用来装其他物件（如安全别针或发卡）。所以，不妨看看家里有什么东西需要重新整理，并创新使用塑料袋的方法。你和孩子还可以拿一些一次性用品用来创作艺术品和手工工艺品。

如何低废弃购物

人类社会已经习惯购买各种带包装的商品。买水果蔬菜用塑料盒和纸箱装是再平常不过了。人们通常也会用一次性塑料袋来打包零散的水果和蔬菜（我曾经也是如此，但现在不是了）。一回到家，这些塑料盒子、袋子和箱子就会被扔进垃圾箱或回收箱。

仅是购买水果和蔬菜就能带回家大量垃圾,而水果和蔬菜只是商店的一个购物区。清理完储物架,想必你已经知道去商店购物会产生多少垃圾。是的,垃圾太多了!

除此之外,面包店里的塑料包装比比皆是。塑料袋用来装面包和烘焙食品,新鲜出炉的饼干和点心则装在开盖式塑料盒里。走在面包店的中间过道上,你会发现更多硬塑料、软塑料、纸板以及塑料、金属、纸板的包装组合(例如,果汁盒)。过道旁所有物品似乎都被过度包装。虽然为了保持食物的新鲜度,有一些包装十分必要,但很多都是过度包装。读完本书,你不会再用以前的眼光看待包装。你会感觉目之所及,处处是垃圾!

难道有人还没有因为每天处理各类垃圾而身心俱疲吗?想想我们在包装、拆包装,再处理包装垃圾上所花费的时间和精力吧。关键在于我们买的是产品,不是包装。我们去商店购物不是为了塑料袋、纸箱、纸盒,或者垃圾,我们只是想吃水果、蔬菜、主食和喝饮料。这就是为什么现在是时候改变购物方式,尽可能减少包装,改变原有买卖包装体系。实现这一目标可以通过多种方式,比如使用自己的可重复使用袋子或瓶罐。随着越来越多的顾客选择无包装产品,店家也会明白这一变化。

我必须承认第一次踏上低废弃之旅时自己很幸运。因为我家附近有一家散装店为自带可重复使用容器的顾客提供续装服务。我大可放心地走进那家商店，不必担心被视为自带可重复使用瓶罐和袋子购物的怪人（虽然自带行为并不稀奇，但却让人感觉奇怪）。然而，你无法保证店家都能接受你自带瓶罐和袋子，所以最好问一下！

接下来，我们来聊聊购物工具。可重复使用的购物袋、可重复使用的散装袋和农产品袋的形状、大小和材料都各有不同。如果你还没有可重复使用的袋子，可以自己制作或购买。轻型可重复使用袋不仅具有各种尺寸，而且足够轻，让人丝毫感觉不到重量，使用起来如同平时一次性的塑料袋，是装农产品和散装干货的首选。所需袋子数量取决于你每次购物数量。一开始你可以准备5个可重复使用的蔬果袋（我喜欢用透明网袋），以及5个有大有小的可重复使用的散装袋（我喜欢纯棉袋）用来装干货。用可重复使用袋子购物的一大益处是可能激励他人效仿。我曾与其他顾客好好聊过，他们说看到我这样购物后都有种恍然大悟的感觉。

如果使用较重的可重复购物袋大批量购入散装货品，你先要知道空袋自身的重量（即皮重），方便付款时告知收银员，好让对方减去皮重对应的金额。一定要了解商店规定，有些要求顾客购物之前称量自带的袋子和瓶罐，有些则不接受顾客自带袋子然后去皮称重。可重复使用的袋子和瓶罐、农产品袋和散装袋的最佳使用场景还是零废弃商店。

零废弃商店同样欢迎顾客自带袋子、瓶罐购物。社交媒体上有很多漂亮罐子装着美味散装食物的美图。但请记住，你可以使用家里任何玻璃容器，不一定是漂亮的罐子。罐子可以是新的、二手或者之前用完的产品罐子（例如果酱瓶和酱汁罐，当然要洗干净再用）。如果瓶罐能重复使用，那么为什么不用来购物呢？我们最好使用罐头漏斗把散装食品倒入小容器，不然用大勺子装的话，散装食品容易散落一地。零废弃商店通常会提供罐头漏斗等工具，它们也不希望散装食品四处掉落。

人们会告诉你凡事都有学习曲线，低废弃购物亦然。如果在你们当地有零废弃专门店，低废弃购物就会变得轻而易举。如果没有，那就想办法购物时尽量减少废弃。要求无包装购物的顾客越多，这种购物方式就越自然，相关服务也就越多。以下是低废弃购物快速入手清单：

·自制商店购物清单。

·拿上可重复使用购物袋，为清单上的食品选择合适的瓶罐，再拿一个罐头漏斗。

·称出瓶罐皮重（可以在家自己称，或者让店员帮忙称）。

·在瓶罐上标出皮重（用一支瓷画笔就行）。

·如果你擅长缝纫，可以把可重复使用袋的皮重值缝在袋子上（或者找别人缝上）。

·到店装食品时，记下每件食品的货号（也可以用手机拍下，省去在标签上写货号）。

·付款时收银员应该减去皮重对应的金额。如果你想仔细检查，可以问问对方操作细节。

·在社交平台分享你的零废弃购物经历。

我的低废弃购物

现在你已经相当了解低废弃购物。想看看如何实操吗？下文是我本人的低废弃购物明细（参考这个清单时，你还可以去社交平台看看来激发你的灵感）。另外，简单提醒一下，清单一个就足够，就这么简单。我们家有块黑板，上面列着我家的常备食品清单。离开家时，我们对着黑板拍张照片，以免到时忘购。你在手机里记下自己的清单也很不错。以下是我们的购物流程：

·检查购物清单，确定需要什么瓶罐和袋子，然后准备其他购物工具。

·给清单上的每样食品列出目标商店。

·计划好行程和出行方式（步行、骑自行车或开车）。

·一切就绪，准备出门！以下是我们常买的食品：

农产品： 水果和蔬菜是我们的采购重点。我们大部分时候不买带塑料或其他包装的水果，导致选购范围有限。比如草莓、蓝莓、黑莓、葡萄等无塑料包装水果，我们只能当季时在农贸市场才能买到或去附近农场自己采摘。我把本地浆果和桃子切片冷冻后过冬吃（最好先洗干净，然后放在饼干纸上冷冻，再放入玻璃或硅胶容器里，以避免水果冻在一起）。为收纳农产品，我们用自己的可重复使用网状农产品袋打包。

干货、烘焙原料、香料等： 由于我家附近有一家零废弃散装食品店，可以自己带着瓶罐和袋子去买各类食材，比如花生酱、椰子油和茶。

面包和烘焙食品： 出售烘焙食品的地点也很多，比如农贸市场、商店面包区或当地面包店，或者我们也可以自己在家里制作。

罐头： 在家自制食物也不错，比如从零开始制作酱汁、调味品和煲汤，但不是每个人都有时间！也许有人有时间，或者对做主食感兴趣，但我们家不可能！（虽然我偶尔会做汤，但仅此而已）。我们倾向于买罐头，当天在哪里购物就在附近店里买。我们尽量选不含双酚 A 的罐头（为减缓食物腐蚀，罐头内壁多为塑料，其中可能含有双酚A）。相比多材料组合包装，罐头瓶可回收利用程度高，这也是我喜欢罐头的一大原因。

调味品和酱料： 我们用玻璃瓶罐购买调味品和酱料，避免使用塑料。玻璃瓶罐的好处在于可以清洗和重复使用（在玻璃瓶罐方面，我绝不是极简主义者）。

肉类： 我们在当地家禽店或肉店买肉，不在商店购买，有利于减少塑料胶托盘等包装垃圾。在看了《奶牛阴谋》《食品公司》等环保、食品工业主题纪录片后，我们转变了家庭饮食习惯，选择更健康、更少加工的食物，并且减少了肉类摄入。

奶酪： 我们偶尔会用自己的盒子去奶酪店买高级奶酪，但真的很贵。所以，我们会去开市客①买一大块奶酪。我们以前经常在开市客购物，但自从决定低废弃后，我们发现该超市大多商品都过度包装，一点都不环保。

牛奶、酸奶和黄油： 我们用可退回玻璃瓶罐买牛奶和酸奶。为拿回交付的押金，顾客会把玻璃瓶罐退回商店，市内专业食品店提供这种服务。黄油的话，我们买的是铝箔包着的现做黄油。

鸡蛋： 因为有朋友养鸡，所以我们经常从他们那里买鸡蛋。

---

①开市客（Costco）是美国大型的连锁会员制仓储量贩店。

一旦鸡蛋盒空了，我们就把纸盒子还给朋友重复使用，或者送给农贸市场摊主。

零食：我们要么自制零食 [我一定会参考拼趣（Pinterest）② 上的食谱]，要么吃点坚果、瓜子、水果、橄榄和奶酪。爆米花也是非常重要的家庭零食。我们一般用自己的瓶罐买散装的果仁，所以瓜子果仁我们吃得多。当然，我丈夫有时会带薯片或饼干回家甚至还藏起来。哦，还有一次，我实在无法拒绝女童子军饼干，毕竟给你推销的是一些可爱的女孩啊！我可不是梦想终结者。

如今，我们开始探索新品牌和新产品时总免不了不断试错。有些新品我们并不喜欢，一旦用完了，我们就会尝试其他的产品。比如，我们第一次买的玻璃瓶装牛奶，但我们不喜欢那种味道。后来我们找到了一个拥有退瓶服务品牌的牛奶，而这个品牌我们现在仍然常购。找到以更合适的价格买到同样的产品的地方是需要花时间的。以上情况大概率也会发生在你身上。尝试一下这个，体验一下那个，最后才找到自己最喜欢的，然后稳定使用。如果你仍没找到喜欢的替代品，那么你可以自己做，或者与认识的人

---

②拼趣（Pinterest）指图片型社交软件，其名意为把个人兴趣（interest）用图钉（pin）钉在钉板（PinBoard）上，用户主要通过图片，归类、收藏、分享兴趣爱好。

交换。假如你有朋友喜欢自制番茄酱，你可以用其他食物或以帮忙的形式与他（她）交换番茄酱。开始发挥你的创意吧！例如我有个朋友喜欢种菜和腌制，于是我们达成协议：我指导她使用社交平台，她给我新鲜蔬菜，这样我们都能受益。

如果你尝试以上选项后仍然找不到好的替代品，那还是坚持原来的喜好吧。

减少食物浪费，开始堆肥

和许多人一样，我家虽在努力改善，但仍有食物浪费。全球大约有三分之一的食物都被浪费了。自从决定低废弃后，我们更善于购物，大部分时候坚持按照清单购物，避免买多。以下是避免食物浪费的建议：

·按清单购物：**不要养成不按清单、随意购买的习惯，尤其是你不确定能否在过期前吃完这些食品。**

·计划膳食：**这一点至关重要。计划膳食将帮助你制定购物清单，确定每餐食物和零食。制定一份总膳食清单，再列出每周膳食计划，固定下来。如果你不擅长计划膳食，可以考虑订购低废弃膳食包，比如加拿大多伦多的 Crisper 公司，用可重复使用**

袋子和可退回瓶罐装好食材，连同食谱一起快递到客户家里。

·每周备餐：有膳食计划，备餐更容易。根据计划安排，选择一天准备一周餐食。切好水果蔬菜，煮好一周主食（如米饭、鸡蛋），批量制作三餐，然后一周内吃完。你不仅每天都有可口的饭菜，而且预制的午餐和晚餐帮助你避免下馆子或点外卖，从而减少了包装。

·吃剩饭：这一点非常重要，尽量不要浪费剩饭剩菜。可以第二天再吃，或加入下一餐饭菜一起吃。

·冷冻多余的食物：饭菜做得太多？把多余的冷冻起来吧！某个不想做饭的晚上，你会感激这个决定，因为你仅需加热预先自制做好的冷冻食品。

·适当存放食物：有些食物应该存放在冰箱，有些食物则不需要。例如，西红柿最好放在厨房台面，牛油果成熟后才应放入冰箱。只有更好地储存食物，才能避免食物过早变质。

·确保食物显而易见：尤其是对于快过期的食物。你可以在厨房台面或冰箱里放个篮子，标明"先吃"，专门存放快过期食物。否则当它们被藏起来的话，我们就会忘记吃，食物最终只能在堆肥箱中腐败（你将会在没准备好的情况下开始堆肥）。

如何无塑储存食物

如果你想在厨房减少依赖塑料,你应该想知道如何不用塑料储存食物。我本人是在塑料制品环境中长大的,特百惠(Tupperware)塑料容器和一次性塑料三明治袋是我家的常客。随着现有研究表明塑料会将化学物质渗入食物当中,人们正在抛弃塑料,寻找无毒替代品。下方是食物无塑储存方案清单,供你考虑。

蜂蜡布包(或大豆蜡布包)

·蜂蜡布包(或大豆蜡布包)有利于面包完美保鲜,我个人喜欢 Goldilocks 牌的蜂蜡布包。用蜂蜡布把面包包起来,再放入布制面包袋,放在台面上,可以保鲜好几天。或者放在冰箱冷藏,保存一个星期(时间再长就可能被冻坏)。

·蜂蜡布同样适合保存农产品。如果你切了一些辣椒或半个牛油果,用蜂蜡包布起来,放进冰箱,就能保鲜。

·蜂蜡布很适合包零食或外带三明治。

·蜂蜡布适合包奶酪。

·蜂蜡布也可用作碗盖。我喜欢 Your Green Kitchen 牌的棉布碗盖(打蜡或不打蜡都行)。

玻璃容器

·玻璃容器特别适合保存剩菜。用大容量盒装大分量剩菜，小容量盒装一人分量剩菜（这不就备好一餐了吗）。我最喜欢使用锁扣式玻璃盒。

·玻璃容器非常适合保存切碎的蔬菜水果。切丝胡萝卜、芹菜和萝卜等也适合在玻璃保鲜盒内泡水保存。

·玻璃容器适合放在冰箱，作为食物冷藏容器。

·玻璃容器也适合存放汤等液体。汤倒入玻璃容器后，需要在汤水上方留出膨胀空间。另外，汤在放入冰箱时不能太热（接近室温最好）。

·玻璃容器是储存冷冻水果蔬菜的理想选择。

可重复使用的硅胶袋

·硅胶袋非常适合外带零食和三明治，我使用 Zip Top、Stasher 这两个牌子的硅胶袋。我喜欢在远足和旅行时带着这些硅胶袋，毕竟硅胶袋真的比其他容器轻太多了。

·硅胶袋同样适合放在冰箱，作为剩菜、肉类、水果、蔬菜等食物的冷藏容器。

如果你能在厨房为各类可重复使用品确立一席之地，那么你就可以延长食品的保质期。好的食物保存方案避免食物被倒入垃圾箱，而保存后仍剩余形成的餐厨垃圾则可以进入堆肥箱（详见下文）。更妙的是，上文列出的所有保存方案均具备美学价值，所以你还将收获一个整洁美观的厨房。记住，你的瓶子、罐子、盒子并不需要整齐划一，相比一次性塑料袋，各式用剩复用的果酱瓶子或酱汁罐子错落有致，各具风采。清除厨房中的塑料制品就是助你打造健康厨房，有利于减少包装垃圾，减少食物浪费，提高整体审美等，这些好处不言自明。

堆肥

堆肥是低废弃厨房的另一个重要组成部分。餐厨垃圾不应被倒入垃圾场，否则填埋后分解会释放出甲烷，该气体的温室效力至少比二氧化碳高 28 倍。我承认我能轻松地谈堆肥，因为我所在的城市提供这项废弃管理回收服务。在低废生活之前，我已经在进行堆肥了。即使你当地没有堆肥服务，在家堆肥也不会太费功夫。

"堆肥"是什么？堆肥一般指有机物（如食物）自然分解成营养丰富的肥料的过程，肥料可以添加在花园里或室内植物盆中（下文列出了肥料的其他使用方法）。堆肥是大自然的回收方式。

哪些废弃物可以进入堆肥箱取决于当地规定。为了让你大致了解部分废弃物分类，我列出了以下可放入堆肥箱的废弃物清单。请记住，这个清单因地而异。

- 咖啡滤纸 / 咖啡渣
- 蛋壳
- 水果和蔬菜
- 家养植物和花卉
- 肉类和鱼类
- 被食物弄脏的纸张
- 宠物粪便和猫砂
- 锯末（不包括木板或压合板）
- 茶叶袋
- 乳制品
- 食物残渣
- 谷物产品
- 残枝落叶
- 油（凝固的）
- 纸巾
- 宠物垃圾
- 香料
- 坚果、豆类和瓜子

这份清单相当可靠！如果你当地废弃管理系统接受堆肥，一定要弄清楚哪些可以废弃，哪些可以堆肥。值得一提的是，在我居住的城市，生物源塑料目前没有列入可接受范围（例如，可堆肥的咖啡粉饼包）。可堆肥的塑料需要特殊装置才能正常分解，所以你先要确定废弃物是否属于可堆肥范围，别像那些自认"环保"的家伙把生物源塑料一股脑儿丢进堆肥箱。注意正确分类，一劳永逸。如果当地没有废弃堆肥系统，你还有其他选择，比如：

- 在自家后院堆肥。

- 如果你住在公寓，可以尝试蚯蚓箱堆肥（vermicomposter）和波卡西堆肥（bokashi）等多种堆肥法。蚯蚓箱堆肥相对便宜，适合家庭堆肥。蚯蚓在碎纸垫底的箱内生活，消化食物残渣（比如果皮，但不是肉类或乳制品），产生名为蚯蚓粪的有机堆肥。波卡西箱无需蚯蚓，可堆肥更多餐厨废弃物（包括肉类和乳制品），堆肥原料与铺垫麸皮通过厌氧（即无氧）发酵一同分解。

·看看附近农场或农贸市场是否有人接受食物残渣或愿意堆肥。

·问问社区花园可否接受你把有机废弃物赠给其堆肥箱。

·冷结可堆肥原料，有时间再去农贸市场问问是否有人接受堆肥，或把可堆肥原料倒进社区堆肥箱。

无论你住在独栋别墅还是高层公寓，都有不错的家庭堆肥之选。

吃什么

你吃什么其实用不着他人指点。尽管如此，但在我这本关于可持续生活的小书中，可持续饮食还是值得谈谈的。在此声明，我不是严格素食主义者（不吃不用任何动物制品），甚至不算素食主义者（不吃肉类，但可能吃含有乳制品和鸡蛋等食品）。虽然我不喜欢被打上标签，但作为典型的千禧一代，我吃过不同食物,甚至尝试过各类新潮饮食。写这一部分时,我不吃无麸质食品和乳制品,也不吃牛肉,但我怀疑自己能否一直坚持下去。我不吃这些是考虑到潜在的健康问题,不吃红肉则是由于其养殖加工会产生温室气体。在此,我们将用小小篇幅讨论吃什么以及低废生活中有机食品的重要性。

我或许不是严格素食主义者,但相比小小的梅森罐所象征的极端化零废弃生活,我相信我们可以拥有不苛求完美、但更为可持续性的饮食。就个人而言,我遵循迈克尔·波伦[①]的健康饮食原则:"食物,不要吃太多,主要吃素。"这句话无须过多解释,但我想说的是波伦所说的"食物"是真正的食物,而不是那些包装好、有保质期的加工食品。多吃植物(少吃动物制品)不仅更有利于人体健康,而且对环境更友好。在《我们即气候》一书中,乔纳森·萨夫兰·福尔指出,少吃动物制品可能是个人扭转全球变暖所能做出的最重要选择。这种简单呼吁当然比告诉读者完全吃素更有吸引力。如果说你从本节学到什么,那就是尽可能多吃植物,少吃动物制品。如果你已经踏上这趟"素食之旅",向你

[①]迈克尔·波伦(Michael Pollan):美国首屈一指的饮食作家,其作品多次获得具有"美食奥斯卡"之称的詹姆斯·比尔德奖。

致敬!

有机食品

由于不使用传统农业中常见且污染土地和水源的高毒性化学杀虫剂，有机农业被认为更有利于环境生态，实现可持续发展。此外，大量接触这些杀虫剂会危害农民或农场工人的身体健康。相比之下，有机农业还能促进生物多样性。因此，不深入进行学术层面研究的话，有机农业显然有利于人类和地球。我认为上述论述虽然简洁，但却阐明了有机食品为什么更好。

在大多数商店，我会遇到这样的问题（你可能也有相同的困惑），就是有机产品的塑料包装往往比其非有机同款更多。这种自相矛盾又令人沮丧的现实的背后原因之一，竟是人们要把有机产品和非有机产品区分开来。另一原因则是有机产品往往价格更高，店家不希望两者混合。然而，这就让想买有机产品的消费者陷入两难：是选无包装的非有机产品，还是买有包装的有机产品？太多因素在此权衡博弈。众所周知，有机农业有利于土壤、植物、动物和人类，而塑料包装则在各个环节臭名昭著，塑料生产过程是有毒的，而且包装通常很难回收，更糟糕的是如果塑料包装最终进入自然环境，还会伤害野生动物（真是害处多多）。

从消费者视角来衡量什么才是更好的并不容易。产品没有贴上有机标签，并不能证明农民没有以更可持续方式耕种土地，或许只是他们没有获得有机认证。对于我们消费者来说，几乎不可能分辨有机与非有机的差别。最好的方法是在农贸市场等地直接与农户、摊主聊聊。如果这种聊天不太可能，那你在商店购物时就必须想清楚什么对自己最重要，比如预算、购买低废弃的愿望、对有机食品的偏好，你可以自己选择。

反思与核查列表

在这趟厨房低废弃之旅中，你最有可能经常更换厨房日常用品，并在这一年中不断微调购物习惯，改变喜好或饮食，细化购物清单，并且调整预算。

还记得我刚开始准备进行厨房低废弃时，我去商店采购总是徒劳无获。寻找低废弃替代的探索阶段往往如此。有时我们又得走遍全城，才能找到喜欢的特定食品（如无包装面包）。但我保证，厨房低废弃之旅不会永远止步于此。你最终会找到自己喜欢的产品，制定出符合这种生活方式的购物预算（总的来说，我们发现低废弃购物更贵，但我们吃得更好，更有本地特色，用钞票支持自己的信念），清楚去哪里购物可以满足食品杂货需求。在这场"轻质生活挑战"结束时，你会改进并养成新的购物习惯！

当你走到厨房低废弃之旅终点时，或许已经完全实现厨房零废弃，或许还会保留某些原有购物习惯，但已实现部分低废弃替代。本章理念能多大程度实现取决于你自己。根据自己的新见解，找到减少浪费的各种方法。最终，你将如同施展魔法般打造出无负担、低废弃、精简美观的厨房。

准备好用一个月处理废弃、简洁厨房了吗？虽然这一个月对有些人而言可能用时太长，对另一些人来说又时间不够，但总归是很好的起点。下文是一份事项清单，帮助你处理厨房废弃问题（可根据上文相关建议，自行增减清单事项）：

○ 清理储物架

○ 在本地寻找低废弃替代品

○ 列出厨房用品低废弃替代清单

○ 购买低废弃食品

○ 自制减少食物浪费的方法

○ 用可重复使用的容器保存食物

○学会堆肥

○记得使用自己的可重复使用袋

○多吃蔬菜

○尽可能购买有机食物支持可持续农业发展

· 第五章 ·

简化美容护肤和清洁用品

告别满满当当的洗漱用品袋与所有塑料瓶瓶罐罐

无毒生活

2010年年初，我逐渐发现许多常购的美容护肤品和清洁剂都含有有害化学成分。我本不应对这个发现如此惊讶，尤其是清洁剂，毕竟很多包装上确实贴有警告标签（真的显而易见）。即便如此，由于从小就用这些清洁剂，我很容易忽略那些标签。但真正令我震惊的是化妆品和护肤品的成分。我一直相信货架上出售的美容护肤品都是通过了审查，供人安全使用的。根据稍微自学后获得的新知识，我决定是时候彻底改变自己的美容护肤流程，仔细检查每一种护肤品、化妆品和清洁剂的成分。感悟这个启示是在我开始极简主义低废生活之前，现在回想起来，这些想法真是前后相互联系。在本章中，我们将从有害成分、极简主义和减少废弃的角度探讨各类洗浴和清洁用品。

我不仅关心护肤品，还需确保家庭清洁产品不会增加我们体内毒素积累。现在让我回想起来感到后怕的是，这么多年我一直使用含有刺激性化学成分的清洁用品，而且还没戴橡胶手套，没有防护毒素渗透到人体最大器官，也就是皮肤。此外，清洁剂有毒成分散发至空气后，如果人频繁吸入这种有害气体，人的肺部将会受到严重危害。这些新认知让我很快改变了自己的清洁习惯并努力寻找和使用无毒清洁产品。

当时我还没意识到，当年为追求更清洁、更极简主义生活所付出的努力恰好为之后可持续和低废生活打下了基础。清洁、极简主义、可持续、低废弃等理念不谋而合，因为用得少意味着废弃少，有害成分更少，有益人体健康，保护地球环境。由于家用化学用品往往会流入自然环境，因此，当年生活方式的改变不知不觉间也有益于生态环境，这也是当时我没有想到的。如今，我采用极简主义策略（少量多功能产品），努力寻找更健康（无毒无害）、低废弃（更少的包装）的产品。我耗费多年才完成这一转变，但时间并非一定如此漫长。所以，我写本书就是希望你能参考我的经验，帮助你加快实现这个转变过程。

本章旨在简化个人清洁流程，帮助净化地球环境！计划如下：了解成分、简化美容护肤流程、减少浴室用品废弃、清理多余清洁剂。这四大步骤将会助你由内而外身心愉悦！

了解成分

我们先聊点化学吧，别担心，就一会儿。虽然化学不是我的专长，但我相信懂点化学有利于我们规避化妆品和清洁用品中的有害成分。我的无毒化、低废弃替换始于浴室用品，首先是洗发水、护发素、沐浴露和乳液。在谷歌上搜索一番再借阅书籍学习后，我决定寻找不含对羟基苯甲酸酯的产品。

我们经常看到化妆品或清洁剂瓶罐上注明"不含对羟基苯甲酸酯"。之所以这样注明，是因为作为常用防腐剂的对羟基苯甲酸酯会扰乱人体激素发挥功能，导致内分泌失调。作为化妆品的重要成分，防腐剂会抑制有害细菌和霉菌的生长，从而延长产品保质期。对羟基苯甲酸酯扰乱激素主要体现于影响生殖器官和生育能力，并增加患癌风险。基于这些研究与信息，我认为最好不用含有对羟基苯甲酸酯的产品。

我最喜欢在美国环境工作组网站在线查证安全与有害成分。该网站定期更新测评，其中可能就有你家正在使用的各类产品，请务必自行查看了解更多细节。鉴于有毒性或有害成分，除了对羟基苯甲酸酯之外，该网站还建议避免使用含有如下成分的产品：

·硼酸和硼砂（某些婴儿护臀霜中含有）

·丁基羟基茴香醚（某些食品、食品包装和个人护肤产品中含有）

·煤焦油染发剂和其他煤焦油成分，如对氨基苯酚、间苯二胺和苯二胺（某些银屑病专用洗发水及去屑洗发水中含有）

·甲醛（化妆品防腐剂之一）

·香精（可能扰乱激素分泌，并且是世界五大过敏原之一）

·氧苯酮（某些防晒霜中含有）

·对羟基苯甲酸酯（化妆品中广泛含有）

·各类聚乙二醇和鲸蜡硬脂醇聚醚（某些个人护肤品和化妆品含有）

·石油蒸馏物（从石油中提取的化妆品成分）

·邻苯二甲酸盐（香水常含有邻苯二甲酸盐，一些指甲油、塑料、油漆和空气清新剂等也常见这种成分）。

·三氯生和三氯卡班（牙膏和除臭剂等各类个人护理产品中的抗菌剂成分）

在掌握以上信息后，你可以评估自家所用产品并检查成分表，理智决定保留哪些，弃用哪些。

你知道室内空气污染程度是室外空气的 2 到 5 倍吗？究其原因，家装材料、家居用品、清洁剂、空气清新剂等会释放出各类刺激性化学物质，其中有些会诱发哮喘、影响生长发育和诱发癌症。针对一些家用清洁剂中发现的有毒成分，美国环境工作组网站分享了几个不错的建议：

·避免使用含氨或含氯漂白剂的清洁剂，因为氨气、氯气均有剧毒，如两种气体不小心混合，可产生危险的氯胺气体。

·弃用含有盐酸、磷酸、氢氧化钠、氢氧化钾或乙醇胺成分的产品，因为这些成分会导致皮肤灼伤、失明和肺部发炎。

·避免使用没有说明其香料成分的空气清新剂和增香产品，因为这些产品可能引发过敏和内分泌失调。

·弃用含有三氯生的产品。三氯生是一种提高过敏原敏感性的抗菌剂，可能影响甲状腺功能。

·避免使用含有季铵化合物的产品，这种化学成分与哮喘、生育能力下降以及动物出生先天缺陷相关。

各国政府对上述成分的监管各有不同。比如，欧盟禁止在个人护理产品中添加的许多成分仍然可以在美国相关产品中检测出。可悲的是，这就将产品安全责任转嫁到我们消费者身上。尽管这一现状并不理想，但美国环境工作组等在线资源可以帮助我们在了解家中清洁和护肤用品后再作出决定。明白这一切的你准备好简化自己的美容护肤流程了吗？

简化美容护肤流程

十几岁那会儿，我喜欢多层彩妆盒，里面似乎囊括了几百种眼影、几十种唇彩，以及五花八门、颜色各异的遮瑕、腮红、粉底。不过，倒不是因为我经常化妆，而是无穷无尽的工具选择和妆容组合为我玩装扮娃娃游戏平添了很多乐趣。意外的是，长大后我并不热衷于浓妆，而是崇尚简约审美，但我仍然喜欢好看的眼影和睫毛膏，还需要一些粉底来掩盖我的酒糟鼻、发红的面部皮肤以及脸上的坑坑洼洼。

事实上，在我彻底转变之前，我的美容护肤流程本已相当简洁，但我仍然积攒了大量化妆品、乳液、药剂、面霜、除臭剂、剃须套装和洗发水，似乎有什么买什么。这些产品你是不是很熟悉？第一次减少美容护肤用品时，我扔掉了收藏的大量指甲油，最后仅留下几个。一旦我接受了自己并不怎么涂指甲油，没必要囤这么多指甲油的事实，我决定扔掉所有指甲油，从而给生活做减法、添空间。这种转型使我更容易明白极简主义的意义。不过，如果一下子把指甲油统统丢掉，我可能很快就会后悔，转头买回一些替代品，这样反而会适得其反。

美容护肤是日常生活中的重要一环，但我们似乎不怎么关注这个过程。大部分人都有自己的美容护肤流程。有的人只是简单地洗个澡，刷个牙，也许再喷点除臭剂；有的人会化个妆，涂个身体乳；还有人会做个全面的晚间护理。一日之计在于晨，如果你一早起来已经略显慌乱，那么花宝贵时间从一大堆发卡、夹子和首饰中找到想要的一字夹只会心情更糟，尤其是你早上还得遛狗、打包午餐或享用早餐。有效掌控过程的要义就是简化过程。接下来，我将介绍四个步骤，助你筛除有害美容产品，梳理简化护肤流程，完美地开启和结束每一天。

1. 回顾现有流程。首先，回忆自己每天早、中、晚各个时间段的美容护肤步骤。就美容护肤品，问问自己这几个问题：

·我目前按什么顺序美容护肤？（每天早上做哪些护理，按什么顺序使用美容护肤品？）

·我每天使用几款美容护肤品？分别是哪几款？

·哪些美容护肤品我用得最多？（你最常"空瓶"的护肤品。）

·哪些美容护肤品我几乎不碰？（比如，那些已经积灰或开封了一段时间但几乎没怎么用过的护肤品。）

·哪些美容护肤品我囤得太多了？（比如，你的那些系列整套美妆用品。）

·哪些美容护肤品没有达到预期效果？（是否实现了宣传功效？）

·哪些美容护肤品最必不可少？（如果你被困在小岛上，只能带上几件美容护肤品，你会带什么？）

通过自我反思，确定哪些产品在自己美容护肤中必不可少，哪些可有可无。自问自答时尽量发散思维，想象简化后的日常美容护肤流程，有利于在接下来的步骤中减少美容护肤品。

2. 按成分筛选美容护肤品。 把抽屉里、架子上、橱柜内的化妆品和洗漱用品统统拿出来，集中到一起后，在这些产品下面垫上毛巾，以免筛选过程中漏液弄脏桌面。然后利用美国环境工作组网站等各种信息来源，逐一评估这些产品的成分，并基于你对这些成分的了解，决定是否要留下这些产品。丢掉不再符合你个人标准的产品，过期产品可以顺手扔掉或拿去回收。不过，大多数美容护肤品的瓶瓶罐罐都很难回收，所以先要看看附近有无相关回收站点。建议你在所处社区里找找有没有泰瑞环保（TerraCycle）的回收箱（泰瑞环保是一家回收几乎所有类型废品的公司）。法国护肤品牌欧舒丹（L'Occitane）就和泰瑞环保达成了合作，由后者回收欧舒丹美容护肤品空瓶。在你完成丢弃或送去回收后，如果要补充新的美容护肤品，请一定要先考虑以下几个要点。

3. 逐步减少美容护肤品。 现在你已经扔掉了含有有害成分的美容护肤品，仔细看看还剩下什么。我前面提到自己没有一次性扔掉所有指甲油，因此，你也不必一下子扔掉所有美容护肤品（除非你百分之百确定不想要了），不然你可能会后悔错扔了某些产品。逐步减少使用日常美容护肤用品，慢慢向极简主义转变。此外，正是在逐步减用美容护肤品的过程中，你才能确定自己真正需要什么，应该扔掉什么。在扔掉或送去回收不需要的美容护肤品（可能已开封）之前，先问亲友是否愿意"收留"它们。如果是未开封、未过期的产品，当地非营利组织或救济机构可能接受此类捐赠。

4. 开启美容护肤新流程。一旦你适应了不用那么多美容护肤品，就可以开始简化美容护肤流程。请记住，这个过程不是一蹴而就的，可能需要几周甚至几个月来找到适合自己的理想流程。我们的目标是只用最喜欢、最常用的洗漱用品和化妆品，"无害"美容护肤。现在正是你活用第三章"理性消费"的绝佳时机，对美容护肤品弃旧换新，利用美国环境工作组网站等信息源研究成分表，学习下一节内容减少浴室用品废弃。

人们有时被别人说服，认为自己日常美容护肤需要十个步骤。以我的图书编辑唐娜为例，她告诉我以前自己觉得一定得用上爽肤水和隔离霜。她曾经使用大量美容护肤品，比如爽肤水、精华液、防晒霜、隔离霜、粉底、定妆喷雾和修容粉。跟大家一样，她听信了营销话术，以为美容护肤品越多越好。但在精简生活后，她每天早上只涂一款精华液，外加一款防晒粉底液（都是玻璃包装）。

护肤步骤少了，但她的皮肤依然很好，而且还节省了时间和金钱。虽然她仍喜欢口红，还略有收藏，但这已无关紧要！和唐娜一样，我也清楚自己到底需要什么美容护肤品，从而简单快捷、高性价比地完成早出上班与晚出娱乐的美容护肤。以下是我的每日美容护肤品清单：

- 洗发水
- 护发素
- 香皂
- 除臭剂
- 牙刷
- 牙膏
- 牙线
- 发梳
- 身体乳
- 洗面奶
- 保湿面霜
- 粉底液
- 眼影
- 睫毛膏
- 唇膏
- 口红（偶尔使用）

简化美容护肤流程后，你会更容易确定靠得住的中意之选。省钱又环保，美容护肤就这么简单！

减少浴室用品废弃

我承认，在化妆品不断涌现的当下，找到无毒害且低废弃的完美化妆品堪比大海捞针！为干皮找到适合的护肤霜或找到最接近肤色的粉底的难度都超出预期，但减少废弃重点在于简化你的生活。尽管市面上面向可持续和低废生活的洗漱用品和美容护肤品越来越多，但我们总得试错才能准确找到真正所需。请牢记，虽然购买新的"零废弃"产品总让人兴奋，但可能也会产生更多浪费。因为在试错过程中你不免因颜色、质地、气味或其他地方不合心意，而攒下一堆买了但不想用的产品。我本人就是如此，最终只得把很多不用的新品送给家人朋友。所以在你沉迷于各种新奇清洁产品前，我最想提出的建议是先用完手头上的，需要时再替换新产品。然后，是时候将你新学的知识和技能付诸实践，采用"少而精"策略为你的浴室用品添加新成员！

接下来，我将尽力确保你的试错之路别像我的一样崎岖漫长。下文提到的一些产品是我的最爱，其中不少也是低废生活圈内经常推荐的单品。但我知道这些产品中有很多不是你能在周边商店买到的。换言之，如果要买的话，你就得网购（第三章谈到的话题）。此外，基于可持续与道德标准（考虑人工、工艺、材料、成分、运输、包装等所有因素）评估新买的每件单品也是一项相当艰巨的任务。但我相信，购买秉持以上价值观制造的产品既有利于人类，也造福于地球。即便是网购送货上门，我认为这也比从附近商店购买信息不透明的产品更好。

以下推荐产品不一定适合所有人。虽然我提到一些具体品牌，但它们并非唯一选择，并且每天都有新产品上市。最近，我惊喜地发现市面上环保低废弃产品越来越多！这正是人们用消费投票的成果！越来越多符合人们要求价值观的产品出现并不是魔法显灵，而只是供需关系的体现。基于以上，以下列出了一些低废弃浴室用品：

牙刷： 如今海洋和垃圾场里充斥着塑料垃圾，塑料牙刷正是祸首之一。那么，有什么替代品呢？竹柄牙刷是一个选择。比如，Brush Naked 牌牙刷的竹质手柄可以直接埋入后院堆肥（了解一下你所在城市的堆肥系统是否接受这种竹质手柄，在我的城市就不行），但尼龙刷毛则需单独拆下扔掉。也可以选购 Yaweco 等品牌的刷头可换式牙刷，或者 Preserve 等品牌的 100% 由可回收塑料生产的牙刷，支持循环经济发展。我本人还在寻找最理想的牙刷，因为我发现无论哪种牙刷都有包装，尽管大多数都是纸制包装。虽然上述这些牙刷替换选择并不完美，但我们目标方向正确！

牙膏： 低废弃牙膏是传统牙膏的可替代品，这种产品不用塑料管包装，从而具有环保性。比如牙粉，牙粉的使用方法与普通牙膏类似：打湿牙刷，沾上牙粉，然后刷牙。牙膏片也是不错的选择，拿一片放到嘴里嚼碎，再沾湿牙刷头刷牙。Nelson Naturals 和岚舒（Lush）等品牌的牙膏片均是很好的低废弃牙膏之选。不过我承认我偶尔还是会用主流传统牙膏。对了，还有玻璃罐装牙膏。不喜欢这种罐装牙膏？试试戴维斯（Davids）牌的可回收金属管天然牙膏。选择最适合自己的牙膏就行，或者咨询一下你的牙医。

漱口水：漱口水实现低废弃有这几种方案。使用玻璃瓶装漱口水（比如 Lucky Teeth 牌的几款产品），在本地续装店和零废弃专门店续装漱口水，或者在水里泡一粒浓缩形状漱口水（比如 Georganics 牌和 Bite 牌的相关产品），待溶解后再漱口。

牙线：谈到牙线包装，有人选择可循环使用的玻璃或不锈钢盒罐，而非塑料盒罐。至于牙线材料，如果你是不用任何动物制品的严格素食主义者，蚕丝牙线并非你的最佳选择。根据我的经验，蚕丝牙线更容易断裂而卡在牙缝里，因为它没有合成牙线那么结实。所以如果你的牙缝很窄，选购时请注意。KMH Touches 公司的 Flosspot 牙线（由丝绸或玉米外皮纤维制成）与 Dental Lace 系列牙线都是有名的零废弃牙线。如果你想找无塑料包装、非动物制品且可续装的牙线，试试竹纤维牙线（比如 Lucky Teeth

等品牌产品）。你也可以买可反复使用的水牙线，如洁碧（Water Pik）旗下产品。总之牙线类型丰富，选择自己喜欢又适合自己的吧！

剃刀：这是我最喜欢的低废弃替代品之一。我以前用的剃刀采用可重复使用的塑料手柄和一次性刀片，但分男女款，而且价格相当昂贵，所以我经常复购价格较低的男款刀片。开始低废生活后，我改用 Albatross Designs 公司的金属双面剃刀，这款不但安全，而且更贴合皮肤！从此我再也没用过其他产品。我把用钝的不锈钢刀片保存起来，统一送到城里的废旧金属回收机构。刀片本身超级便宜，我买的那盒刀片够用好几年。如果购买这种剃刀，可以了解下当地如何回收刀片。购买安全剃刀算是一笔前期投资（需要 15～50 美元），但长期来看相当划算。想知道如何使用安全剃刀吗？建议如下：

· 首先熟悉剃刀，感受其重量、形状。全程握住刀片不锋利的短边，小心地把刀片卡入刀头。剃刀型号款式不同，刀片的卡入方式也会有所不同。

· 打泡沫！我只用了肥皂，但市面上有很多剃须专用皂。想要泡沫更多？那就用剃须刷吧。

· 手握安全剃刀与面部保持 30～45 度斜角，不需要额外施压,借助剃刀重量自然剃须。由于移动剃刀时要依据面部曲线,才能保持上述角度,所以要花功夫练习。总之按照自己的节奏来,我也是花了几个月才习惯使用安全剃刀的。

·刀片紧贴皮肤可导致剃后皮肤略显干燥,所以请及时保湿!

·更换刀片频率取决于个人习惯,但刀片一般最多使用10～15次。更换后,根据当地规定,处理废弃刀片或者通过安全剃刀刀片回收项目回收,比如 Albatross Designs 公司就有这样的回收项目。

还没准备好使用安全剃刀？要不试试 Leaf Shave 旗下可重复使用剃刀？这种剃刀也使用双面刀片,手柄更像一次性剃刀,但剃须时刀头可以弯转。

厕纸: 使用家庭厕布是彻底告别厕纸的方案之一。名如其物,便后使用这种可重复使用的厕布擦拭,可以大大减少厕纸冲入马桶。使用方法如下:每个家庭成员各有一套厕布,分别用于上小号和大号;厕布用过后,放入一个可密封的脏衣箱,最后单独放入洗衣机(即不与其他衣服混合)加热水清洗。不过,我还没有这样试过清洗厕布,如果你想详细了解,YouTube 上有很多不错的视频。我用的是 Kula Cloth 牌厕布(可在网上和特定商店购买)。这种抗菌厕布非常适合长途旅行以及徒步、露营等户外活动。这是我们在野外不留下如厕痕迹（厕纸）的最好方法。另外，如厕后清洗可使用独立式坐浴盆或者 Tushy 牌的那种马桶盖坐浴盆。众所周知，使用坐浴盆可比使用厕纸更卫生！根据坐浴盆倡导者的说法，厕纸只是擦拭，而坐浴盆可以冲洗干净。最后，可用回收材料制成且无塑料包装的厕纸替换普通厕纸，你可以在网上或当地商店购买 Who Gives a Crap、Reel Paper 等品牌的相关产品。

洗发水和护发素： 我在本地环保商店试购了几次可续装洗护发产品，但最终选择 Unwrapped Life 牌的洗发皂和护发皂（即非塑料瓶装）。如同许多其他品牌，他们家为不同发质的人群生产了各类洗发皂和护发皂，可以在网上或特定商店购买。如果你手头上的洗发水或护发素用完了，可以试试他们家的产品。如果你想用可续装的洗护发产品，看看本地有没有可续装店，提供自带瓶罐，续装洗发水或护发素业务（请回看第四章，详细了解可以重复使用瓶罐购物）。Plaine Products 等品牌则提供了另一种续装服务：通过网上预订和快递运输，你每次收到 Plaine Products 的新货后可以把上次用完的空不锈钢瓶寄回厂家复用。

沐浴液和洗手液： 洗澡和洗手我都用香皂（常用 The Soap Works 牌香皂，产地是加拿大多伦多）。现在找到适合所有肤质的无外包装香皂越来越容易！此外，你也可以试试可续装沐浴液和洗手液，续装方式与上述洗发水和护发素类似。另一个替代普通沐浴液和洗手液的绝佳选择是高浓缩混合液。在自家可重复使用洗手液瓶中加入 Blueland 牌的洗手液片或 EarthSuds 牌洗手液粉后与水混合即可使用。

身体乳液与面部乳液： 我很喜欢蜂蜡制成的固体身体乳（我买的是 Bee Savvy 牌），触感丝滑，清香好闻，而且很适合旅行携带。不过，大多数时候我都是自带玻璃罐在本地商店续装身体乳（与上文洗发水和护发素续装理念一样）。想不想自制身体乳液？详见博客 www.thezerowastecollective.com/blog. 至于面部乳液，我尽量选择玻璃或金属罐瓶的产品，这些外包装很容易清洗和回收。Dew Mighty 公司推出了纸盒包装的浓缩面部精华，该精华首购套餐含有一个金属小盒，方便消费者下次续购重复使用。

除臭剂： 如今除臭剂多种多样，但我常用 Meow Meow Tweet 牌，他们家除臭剂有罐装的，还有固体纸装的。低废弃除臭剂品牌还有很多，我想到的有 Native、Routine、Schmidt's、Ethique 等。同时，Myro 等可续装品牌除臭剂具有可重复使用的罐子，可以反复续装，就是这么简单！

经期用品： 低废弃化转变让我彻彻底底地改变了自己的经期用品选用习惯。我把一次性卫生巾、护垫换成了可重复使用的棉质护垫（如 Öko Créations、Aisle 等品牌产品，或者你也可以根据网上教程自己缝制）以及防漏内裤（我本人常用 Knix 牌和 Thinx 牌）。清洗的话，我只需把这些可重复使用的护垫丢进洗衣机，顺便把毛巾或床单加进去（反正都要洗），然后选择快速漂洗模式即可。洗完后，把这些护垫挂起来晾干，或者把它们和毛巾、床单一起放入烘干机里烘干。此外，我把卫生棉条换成了 DivaCup 和 OrganiCup 等品牌的月事杯。自从不再购买一次性经期用品，我足足节省了数千美元。当然，有人会觉得可重复使用经期用品有点恶心，但无论使用可重复使用产品还是一次性产品，我们都要处理经血，为什么不用既能减少浪费又能省钱的方式来处理呢！

卸妆湿巾、化妆棉： 选可重复使用的！你可以购买或缝制（根据网上教程）专用卸妆湿巾和化妆棉球，或者直接使用洗脸巾。

棉签： 棉签具有无塑料与可重复使用这两类替代品。我最近改用 LastObject 公司旗下的可重复使用的棉签，该产品自带收纳盒，便于旅行携带。该棉签使用方便，冲洗后就可以重复使用。LastObject 同时还推出了可重复使用的化妆棉签。

发刷： 如果你要买个新发刷，请选择木材和天然橡胶等天然和可再生材料制成产品。我个人使用 Tek Brushes 牌的发刷。

纸巾： 我们把纸巾换成了可重复使用、可清洗的棉质手帕。我们使用后把它们扔进脏衣篮，然后和毛巾一起机洗。但我们备有一盒一次性纸巾供来客使用。

化妆品： 当前市面上的低废弃、零残忍（即没有进行动物实验）和无毒的化妆品牌越来越多，如 Elate Cosmetics、Kjaer Weis 和 Cheekbone Beauty（还有更多）。我们选购低废弃化妆品时应该注意什么？首先，尽量选择极简和可回收包装的产品。其次，可续装产品也是不错的选择。比如，与其每次购买粉底时都带上一个新粉盒，不如找找哪些品牌可以为现有粉盒提供续装。这些新品牌大多可以网购，有些则可在丝芙兰等大型美妆商店买到。虽然可选品牌不多，但一些零废弃或环保商店还是提供化妆品可续装服务！

润唇膏： 告别了以前的塑料管唇膏，我现在购买可重复使用的罐装润唇膏或可降解纸装的润唇膏。自制润唇膏也很方便，不妨网上找配方，自己做一批！

这份长清单旨在涵盖基本洗护化妆用品，不然还能继续罗列其他类别用品。如今，产品层出不穷，满足各类需求，有些甚至是我们自己都没意识到的需求。当你准备转向低废生活，我能给你的最重要建议就是不买华而不实的产品。不是说出现了一大堆时髦好看的零废弃替代品，你就得买，因为你并不一定需要它们。随着时间的推移，你会更清楚自己的需求，但如同其他类型消费，你也容易被新产品吸引。而且似乎你更容易以环保之名掏空钱包，对吧？因为你会觉得买了这个产品，我就拯救了地球！所以，尽量不要沉迷于这种心态，应该始终坚持你真正所需。

清理多余清洁剂

难道只有我家每个台面上都放着一瓶清洁剂，还是说每家情况都类似？出于某些原因，我们需要一瓶瓷砖清洁剂。瓷砖清洁剂不同于浴缸清洁剂，浴缸清洁剂不同于厨房清洁剂，厨房清洁剂不同于地板清洁剂，地板清洁剂不同于不锈钢清洁剂。有些材料确实需要额外成分清洁，但转念一想，为每种材料都专门生产一类清洁剂似乎有点太多了，而且大部分清洁剂功效都很强。我们有时的确需要这些强力清洁产品，但大多数情况下家里并不需要这些刺激性化学清洁剂。

直到开始"无毒生活"，我才知道有几种清洁剂更环保，才意识到家里囤积了数量众多、五花八门的清洁剂，但实际上有几瓶就够用了。尽管多年来一直断舍离，但我从未筛选过家用清洁剂。它们只是被放在那，甚至从未用过。或许你也有同感吧？每次出现某种新奇清洁剂，你就跟风买上一瓶？朋友们，别再不顾需求、一味跟风了，是时候挑选更环保且真正需要的清洁用品，简化清洁步骤，找到最适合自己的低废弃清洁方式。

1. 挑选环保清洁剂： 类似断舍离化妆品和洗漱用品，首先把家里各处的所有清洁剂都找出来。然后，利用美国环境工作组网站等来源信息，评估当前使用的各种清洁剂及其成分，基于对它们成分的了解决定是否继续使用，丢弃所有不符自己要求的清洁剂。或者，你可以送给亲友（当然，你应该分享自己对于这些清洁剂新掌握的情况，以便他们也做出明智决定）；将未开封清洁剂捐赠给愿意接受的组织；对于已经开封、还有剩余的清洁剂应根据当地政府要求扔掉（有些清洁剂有害健康，当地政府可能指定了专门丢弃点）。例如，我所在的城市将气雾罐分类为家庭"有害垃圾"，要求人们必须在指定地点丢弃气雾罐，而不是直接扔进路边的垃圾桶。许多清洁剂采用气雾罐包装，但我们大多数人不太会想到这些罐子属于家庭"有害垃圾"吧？

2. 简化清洁步骤： 做完上一步之后，你的清洁剂应该少了很多。接下来，我们将对剩余清洁剂进一步筛选。问问自己以下问题：

· 这些清洁剂我都用得上吗？（如果不是，想想把用不上的赠送或捐赠出去。)

· 我还缺清理家里的清洁剂吗？（下文将介绍很多低废弃型清洁剂！）

尽管我们完全可以丢弃现有清洁剂，但用完现有剩余清洁剂也是减少浪费。

3. 采用低废弃型清洁剂： 对于最终留用清洁剂，如果你想有所补充，可以考虑低废弃型清洁剂。与简化化妆品类似，简化清洁剂的过程不可能一蹴而就。我们的最终目标是设计低毒性、低废弃的极简清洁步骤，从而更轻松地清洁家里，为我们省出更多的空间、金钱、精力！所以，如果你想有意识地补充清洁剂，可以采用"少而精"策略（见第三章），利用美国环境工作组网站等信息源研究清洁剂成分。低废弃型清洁剂建议如下：

续存装清洁剂： 续存装是在家附近或线上订购低废弃或零废弃清洁剂的一大优选。例如，Pure 公司在加拿大各地设有清洁剂续存点，Common Good 公司则在全美国设有续存站（在加拿大也有一些）。你可以带上现有清洁剂瓶罐，到店补充需要的清洁剂。如果所在地区没有这种续存站点，你可以订购 the Bare Home 和 Common Good 等公司的大桶续存袋，自己在家补充清洁剂。相比新买一瓶清洁剂，续存装虽然无法完全避免浪费，但仍然更加环保。

浓缩型清洁剂：使用浓缩型清洁剂是减少家庭清洁剂浪费的另一个好方法。比如，我们比较熟知的布朗博士牌橄榄皂液。这种高浓缩清洁液加水稀释后可用来自配各种清洁剂，如普通清洁剂、蔬菜水果洗涤剂、马桶清洁剂、沐浴露。Blueland、Dropps 等低废弃浓缩清洁品牌推出了浓缩片型清洁剂以减少家中塑料使用，你也可以试试 Tru Earth 牌洗衣纸。浓缩型清洁剂的另一点优势是重量更轻，减少运输途中的碳排放。

固体清洁剂：与浓缩型清洁剂类似，固体清洁剂通过消除一次性塑料包装来减少浪费。No Tox Life 公司旗下的 the Dish Block 牌压缩型方块清洁剂不但非常适合洗碗，而且还适用于家中其他清洁场景。这种万能清洁产品有助于减少浪费与开销，简化清理流程。

自制清洁剂：我有一个非常喜欢且制作简单的通用清洁剂配方！你只需要喷雾瓶（你可能有一堆可以重新利用的喷雾瓶）、水、醋即可，精油可加可不加。配制步骤如下：

·1 份醋兑 2 份水（如 1 杯醋、2 杯水）；

·如果加精油，在每三杯容量的水醋溶液中加入 10～20 滴你最爱的精油（我喜欢柑橘混合精油）。

这种通用清洁剂可安全使用在大多数器具表面,但以防万一,应该避免用于清洁花岗岩、大理石与皂石台面以及实木家具表面。醋具有良好的消毒抗菌效果,但并不能杀死新冠病毒等病毒。如果你想了解哪些清洁剂能够防止新冠病毒等病毒的传播,请查看政府网站以获取建议。

清洁工具:清洁工具是否也有低废弃和环保推荐?当然。例如,擦拭时别用纸巾,而是使用可重复使用的抹布。或者,你也可以选用 Ten and Co. 公司的海绵百洁布。一块百洁布最多可容纳3/4杯水,使用寿命长达一年(当然,还得取决于使用频率),而且百洁布直接可丢进洗碗机或洗衣机清洗,达到使用期限后可用于堆肥。选用洗碗刷和扫帚等其他清洁工具,注意挑选木材(可堆肥的)、金属(可回收的)和天然纤维(可堆肥的)等耐用材料制成的产品。

反思与核查列表

常言道"你的身体是一座圣殿"（Your body is a temple）。这句照顾好自己身体的提醒发人深省，因为身体健康非常宝贵。曾经我们可能并不了解一直使用的产品，如今我们可以做出明智之举，有益身体健康，保护自然环境。

本月结合了几个不同话题。首先，无论是洗漱用品，还是清洁剂，家中需使用无毒产品。其次，我们还探讨了减少浴室用品和美容护肤废弃的方法。最重要的是希望你能受到启发，尽量减少手头各类用品，同时少买新品（比如，一支口红或某专用清洁剂）。简化美容护肤流程和减少清洁剂使用，有助排除有毒成分，精简生活方式，省钱省力，美化环境。

此外，仔细检查买入家中的新品。优先选购环保无毒产品和多功能产品，以减少产品重复。假如某种新产品功能单一，问问自己是否真的需要，或者可否使用其他多功能产品替代。本月主题是回归本初。以下是本月活动的快速自检清单：

○ 了解成分，减少所用产品的毒性

○ 筛除含有有毒成分的化妆品和洗漱用品，根据个人情况尽量减少用量

○ 设计无毒、简化、低废弃、高性价比的美容护肤新流程

○ 排除含有有毒成分的清洁用品，根据个人情况尽量减少用量

○ 设计无毒、简化、低废弃、高性价比的清洁新流程

○ 自制多用途清洁剂，根据喜好优化配方

○ 不用纸巾和塑料包装的清洁用品，选择耐用、低废弃和生态友好的产品

· 第六章 ·

重复穿搭

清理衣柜,培养穿衣风格,与快时尚说拜拜

时尚,不是心血来潮

大家好,我是塔拉,一度沉迷于快时尚。经过几年的不懈努力,我终于慢慢摆脱了爱买廉价新衣的习惯,相信你也可以。

我想没人能否认一身漂亮新衣能够极大提升穿衣者的自信,但社交媒体上充斥着一种极其肤浅与盲从的着装审美。每天大量网红穿着最新款在网上招摇,供粉丝购买效仿。然而,同一套衣服,网红从不穿第二次,这正是他们宣扬的生活方式:追随潮流、消费潮流。购买快时尚如同 Tinder[①]式约会:相识快速、相恋热烈、分手迅速、一地鸡毛、恶性循环……但这可不是我的风格。我有一个心爱的小衣柜(不过刚开始衣服非常多,具体见我在第二章中提到的衣柜烦恼),偶尔会往里添加新衣服。但我买衣服很花时间,因为我无意和衣服谈场"快餐恋爱",我更希望"长久陪伴"。

不同于传统时尚按春夏和秋冬两季或春夏秋冬四季上新,快时尚则是全年 52 周,周周更新,快时尚因此得名。这些快时尚新款往往模仿高端品牌,使它们廉价的单品对大众更具吸引力。

---

① Tinder 是国外的一款手机交友 App,作用是基于用户的地理位置,每天"推荐"一定距离内的四个对象,根据用户在 Facebook 上面的共同好友数量、共同兴趣和关系网给出评分,得分最高的推荐对象优先展示。

谁不愿仅花25美元就买到价值1000美元的T台时装？然而，这种低廉价格却是付出了高昂的环境和人力成本。是时候停止对快时尚的"一见钟情"了！

简而言之，快时尚主要存在两大问题。首先，快时尚生产商和供应链以低劳动标准雇用廉价劳动力，并在环保标准要求低的国家生产。其次，快时尚产生了大量的纺织垃圾，包括厂商滞销衣服和消费者丢弃的过气衣服。得益于书籍、纪录片和新闻的充分记录、报告与曝光，你或许对此早有耳闻。但是即使了解缘由危害，我们为什么还在买入快时尚呢？如果你仍沉迷于快时尚消费，扪心自问自己是否准备做出改变？

我们为何买衣服"上瘾"？毫无疑问，其中原因多种多样：填补生活的空虚，用衣服来遮掩个人不安，或者仅仅就是因为无聊。比如，你要外界认可，也许会以个人着装吸引他人；你想受人仰慕，认为你很酷很时尚。然而，这些都是你填满衣柜和花光金钱的表象。享受时尚、想变漂亮、成万人迷都没有错。但我认为依赖买衣服应对生活中的其他问题并非正道。我深知这种感觉，我也曾经历过。

我的家乡是加拿大安大略省的一个叫圭尔夫的小镇。本科期间，我去波兰的克拉科夫市交流了一个学期，这个城市比我想象的要时尚得多,我打包带过去的大西洋的衣服与当地格格不入(除了粉色抹胸)。于是我很快就去购物,好融入欧洲氛围。考虑到我一个学生的预算(其实本来就没有买衣服的预算),快时尚恰合我意。那时我知道快时尚的危害吗?我是知道的。快时尚的危害对我重要吗?不重要。我的主要目标是融入克拉科夫,尽管这座城市可能不是世界时尚之都,但人们穿着得体好看,我也想和他们一样。

我的克拉科夫经历应该会引起大家的共鸣。我们都想打扮得漂亮自信,这是我们购买快时尚的部分原因,就像买不起奢侈品,总能购点小样品。更糟糕的是,我们在社交媒体上一晒自拍和物品,马上就被朋友和粉丝刷到。每当收到点赞或好评,我们的大脑就会分泌一些让人快乐的化学物质,使我们沉迷于分享更多内容,继而需要更多时尚产品,但预算有限的我们只能购入快时尚,由此形成恶性循环。每逢潮流更替,大量纺织垃圾产生。北美地区的垃圾场每年要填埋1200万吨衣服,其中95%本可以回收或再利用。只有打破这个恶性循环,我们才能转型可持续生活。那么问题来了:我们能否不重蹈快时尚覆辙,但又创新时尚呢?答案当然是可以!

不同于过去紧跟最新潮流,我现在更关注自己最爱的风格,追求经典而非时髦，慢慢形成了一种我称为"休闲时尚"的个人风格：休闲取意低调的生活方式，时尚则源于略微高雅时尚的品位。别人认可与否与我无关，我的风格由我自己说了算。"可持续时尚"与"道德时尚"服装十分对我胃口，而且我无须听取他人意见。我为自己作为重复穿搭者而自豪！"可持续时尚"指衣服可持续反复穿着。如果你认为重复穿着同一套衣服不酷，不妨想想："1930 年，美国女性人均拥有 9 套衣服。如今这个数字是 30 套，每天一套。"我猜你不止 9 套衣服吧，因为我也不止 9 套。

如果你已做好准备，那就开始改变吧！主要从以下三个方面入手：评估个人衣服，培养个人风格；想方设法可持续补充衣服；成为重复穿搭者。听我的，我保证在这三个方面努力不会白费时间！曾经你是否看着满衣柜衣服，却觉得无衣可穿？哪怕每年疯狂地买了 60 件新衣服？这是因为我们盲目购物，没有停下反思买的衣服是否真的适合自己的生活方式，穿在身上是否舒适，甚至是否好看。那种无奈感，你懂的，谁不是呢？

朋友，那些"买买买"后却"无衣可穿"的日子已经过去，因为这个月你要清理杂乱衣服，定义个人风格，只买合适衣服。走完这个过程，你会穿得好看，又穿得自信。更有意思的是，你还可能收获很多好评："你这身真好看！""你穿搭的秘诀是什么？"而这一切归功于成功树立个人风格。

评估个人衣装，培养个人风格

虽然你高中时着装风格与现在的你完全不搭（我可不打算马上把头发染成粉色！），但你当前热衷的整体风格或许多多少少会延续至后半生，成为你的审美基础，哪怕以后略有变化，比如对裙子长度或衬衫剪裁偏好有所不同。以我本人举例，我喜欢牛仔布，从小就喜欢（这得感谢我的母亲，都是受她影响！），而且希望这一辈子都喜欢。注意，我说的喜欢不是说穿条牛仔裤而已，而是牛仔衣配牛仔裤，一身加拿大燕尾服（即全身牛仔）。所以，请打开衣柜，留下自己真正喜欢的、需要的和要穿的衣服，告别余下的。也许你通过第二章已经整理了一些衣服、鞋子和配饰。在本章中，你将更仔细地评估与进一步清理你的衣服。下面几个问题有助于厘清思路，从此重新开始，形成自己的风格。

评估和精简衣服

本节旨在补充第二章的断舍离指南，因此，精简衣服程度取决于你家断舍离程度。你有可能已经相当彻底地清理了衣柜，如果还没有，那我们就开始吧。断舍离之前，请把所有衣服、鞋子和配饰拿出来，按"保留""出售""捐赠""丢弃"四类堆放。提醒一下，如果当地捐赠中心愿意回收破旧衣服，你基本不需要扔掉任何衣服。分好堆后开始分类。为了分类不那么凌乱，你可以一次分一个类别。例如，第一次衣服，第二次鞋子，然后是珠宝配饰。面对每件物品，自问以下问题，帮助决定归属：

·我喜欢它吗？

·它合身吗？

·我穿（戴）起来好看吗？

·我经常穿（戴）它吗？

·我最后一次穿（戴）它是什么时候？

·我是否会很快穿（戴）它？

如果你的回答中哪怕有一个否定答案，那么是时候考虑与这件衣服告别。

摆脱任何让自己感觉不适的事物（怀孕除外）是一条简单而重要的人生经验。虽然你可能梦想着未来能穿上某些衣服，但最好保留现在穿上合身的衣服。如果计划减肥或增重，你可以保留这些衣服，但心里要清楚什么时候能穿上。最终，你会选择适合你的衣饰。但请听我说，我曾经幻想减掉四五斤而保留了一些衣服，但事实上保留的时间远远超过了预期。因为我没有太认真地对待这个减肥目标，所以这些衣服只是闲置着。最后，我把那些不合适的衣服都捐了出去，我感觉反而好多了。知道为什么吗？因为我每次看到这条短裤，都会提醒自己需要减肥。这可不是健康的心态。我建议，如果有些衣服徒增你的内疚与羞耻，就不要把它们留在身边。没人愿意自我折磨！

清理衣服不能心软。如果有某几件衣服难以抉择，可以多给自己一点时间。但要注意，不要给自己太多时间，不然你可能又回到原点。另一个帮助自己发现断舍离目标的方法是评估自己的生活方式和分配时间情况。例如，你的日常是在办公室上班，去健身房锻炼，在家休息，偶尔参加正式活动，那么根据参与每项活动的时间，想想自己需要多少衣服：你需要职业装、健身服、居家服以及一两套正装。如果你睡觉穿睡衣，那再加上睡衣（如果你裸睡，那就不加）。如果你每年只出席三次正式场合，那么一柜子正装就显得没有多少意义。确保你的衣服实际反映自己的时间分配。如果你住在农场，那就不需要城市生活服装。

打造个人穿衣风格，我的衣柜我做主

精简衣饰之前，我从没花太多时间考虑新衣服如何搭配衣柜里的已有衣服或自己的整体造型。我会因为喜欢颜色和图案而买下一条裙子，但回家却发现没有与之搭配的上衣。人们习惯性做

法是再买件新上衣，但问题真就解决了？其实不然。打造自己的衣柜要求更有目的性地基于现有衣饰而添新换旧，而实现这一目标的坚实基础是培养我们的个人风格。塑造个人风格之所以至关重要，是因为其指导我们实际穿戴，展现生活日常和个人喜好，从而更有助于我们有意识地添置新衣。无论是如流行歌后碧昂丝·吉赛尔·诺斯那般服饰华丽，还是像电影巨星安吉丽娜·朱莉一样衣装低调，是时候为自己打造造型了！风格打造讲究实用与美感的结合，以下技巧有助你完善风格：

依据生活方式： 根据个人活动和生活方式安排整体衣饰。列出清单，写全所需着装的活动、着装目的以及服装类型。还要记下各类衣服的穿着频次。比如，多久去一次健身房？每周三次？还是多少次？

根据天气着装： 考虑居住地区的主要气候类型。如果冬季寒冷漫长，请一定考虑防寒保暖着装。如果时常阴雨连绵，你可得要比住所晴朗干燥的居民，多备各类雨衣。

搭配衣服颜色： 洗衣服可能是找出自己最常穿哪些衣服的最佳方法之一，毕竟穿得越多，洗得越频繁。下次洗大桶衣裤时，看看脏衣服都是什么颜色，以此为衣色基础，添加自己喜欢穿、适合穿的其他颜色。

创建灵感图册：我用拼趣创建了一个名为"我的风格：休闲时尚氛围感"的图板相册，收藏最喜欢的衣装创意。你也可以使用真的图钉与钉板，从杂志中截取图片，保存喜欢的风格。为了自己喜欢的服装和款式，开始收集穿搭灵感创意吧。

模仿穿搭创意：打开灵感图册，开始模仿着装穿搭理念，了解自己穿什么看起来感觉很棒。混搭衣柜里的衣服，重塑最喜欢的造型。

多多试穿：逛街但不购物。根据收集的灵感创意，去实体衣店尝试不同穿搭，找出哪些适合，哪些不行，列出最喜欢的风格、服装和造型。这个好办法有助于你检验照片里的衣装穿在身上后自己是否还会喜欢！

设计标准穿搭：想要穿着简单，你可以给自己设计标准穿搭。比如，苹果联合创始人史蒂夫·乔布斯那身非常有名的固定穿搭：牛仔裤、黑色高领毛衣和运动鞋。如果不愿日复一日穿着不变，可以设计个人穿搭标准后再以此混搭。简单穿搭有助于避免囤积太多衣服，方便每天早上迅速换装出门。

列出风格清单：列出清单有助于保持风格，比如喜欢的布料（如有机棉、亚麻、天丝）、中意的款式（如直筒裙、裤裙、A字裙）、想要的感觉（如自然风、朋克摇滚、运动、性感），以及其他能定义风格的列表。

为个人风格定名立言：以我本人为例，我的风格是"休闲时尚"，宣言是"舒适又时尚"。我的衣柜满足各种活动所需，包括在家办公、瑜伽、远足露营、社交、参会以及偶尔参加晚会或婚礼等其他正式场合。由于居住地区四季分明，我的服装还需能应对湿热夏季、阴冷冬季以及两季之间的各种天气。我最喜欢的材料是牛仔布，最爱黑色、灰色、海军蓝、粉色和珊瑚红。你也可以收集以上所有信息，自创风格和宣言！

风格确定，准备就绪！但随着生活的变化，无论是以后有了孩子，还是培养了新爱好，你或许都得花些时间来相应微调衣着风格，并可能在这个过程中发现一些自己仍需要的衣装。我在手机里一直存放着一份购衣清单，以便可以随时更新所需新添的衣服。比如现在，我想为衣柜增加一件重要单品——一条紧身牛仔背带裤。一旦对衣服断舍离并确定穿搭风格，你便也想列出自己的购衣清单。如同列出其他购物单，我发现购衣清单可以用来避免冲动买衣，节省开支，避免给填埋场增加不必要的纺织垃圾。这可真是皆大欢喜！接下来，我们将讨论如何更为可持续地获取这些所需衣装！

想方设法可持续补充衣服

我记得高中时读娜奥米·克莱恩的《NO LOGO：颠覆品牌全球统治》，快时尚问题当时已然凸显，但当时没有真正的替代方案，至少在我居住的地区没有。坦率地说，即使有可行方案，也无法引人注意，因为可持续服装是出了名的土气，令人失望。如果衣服不好看，我们怎么能让人们转念关注可持续时尚呢？

我个人认为我们相当成功地提供了更多方式，推动时尚朝着更可持续的方向发展。重复一遍，我说的是更可持续，而非完全的可持续。如果目标是完美，大可去追求，但别苛求。以下我们将探讨如何让穿搭更为环保的方法（其中许多与第三章提出的理念契合）：

租： 如果你每年只参加几场正式活动，那么买件漂亮礼服，然后大部分时间里挂在衣柜里沾灰，意义何在？与其如此，不如租件正装！这种租赁业务虽然不是遍布各地，但在大城市却是越发普及。我记得和朋友在多伦多一起参加了一场晚会，她租了件漂亮礼服，穿上后惊艳全场！整晚都有人称赞她的着装，但第二天她就把礼服还了回去。毕竟大多数人可不想出席下一个活动时还穿着同一套礼服。说起时装租赁公司，可以看看美国的 Rent the Runway 和加拿大的 Beyond the Runway。

借：借也是非常好的选择，尤其是如果你家附近没有服装出租，那就向朋友借一套吧！显然，身材是否相近是影响借衣的重要因素，你可以尽量问问身材相近的亲友，聊聊偶尔借用或共享衣服。这样一来，你不花一分钱就能丰富原有衣饰搭配！不过，请在归还之前清洗干净衣服，否则你们的友谊可能因此结束。

换：与亲友交换衣服。这可是处理掉孩子衣服和自己衣服的绝佳方法！如果当地经常组织衣服交换活动，多留意这些活动，以便换到品类更多的衣服。衣服交换最好在换季时或在春季大扫除等年度活动期间进行。

买二手：忍不住想买新衣服前，先去逛逛二手店。慈善超市、寄售商店，还有大量二手网店，都有很多可供选购的二手衣饰。你有时甚至不用自掏腰包，只要在社交软件 Facebook 上加入旧物免费赠送群，就有可能免费获得网友赠衣！购买二手更加经济实惠，而且由于不用生产新衣服，这种购买行为更有利于可持续经济。我知道有人出于卫生、面子或其他原因，不太会买二手衣饰，心理上抗拒二手。不过，你可以彻底清洗每件二手物品！你大可不必在购买内衣（但我本人从没买过）上开启自己的二手买家之旅，可以选买一些不那么贴身私密的物品，例如手提包。

购买可持续服装 / 道德时尚服装：如果在免费群或二手店没

找到你想要的，那么请尽可能选择可持续或道德时尚服装，尽可能依据"少而精"的原则购买。寻找那些价值观明确、全方位透明展示服装配饰制作方式及工厂地点的品牌。我非常欣赏新西兰户外品牌"拓冰者"（Icebreaker）致力于可持续和道德时尚的做法，消费者可从网站下载查看其年度透明度报告。加拿大可持续女装品牌Encircled不仅产品舒适、时尚、耐穿，还在网站公开了其供应链信息，而且该品牌所有衣饰均是加拿大制造！你掌握的信息越丰富，收获的答案就越充分，被隐瞒的事实就越少。这种透明性往往是一个好品牌的标志，表明其产品合法，但具体买哪家还是自己决定。此外，请留意那些致力于产品环保的品牌，比如美国户外服装及装备品牌巴塔哥尼亚（Patagonia）。该品牌推出"旧衣"（Worn Wear）项目，免费帮助客户修补本品牌衣服，销售二手衣服，甚至推出了一条名为"旧衣再造"（Recrafted）生产线，利用回收巴塔哥尼亚旧衣拼接系列新衣，避免旧衣被当成垃圾直接丢掉。巴塔哥尼亚不仅坚持产品环保，而且通过回收、修补、再生利用和销售二手延长了本品牌服装寿命。希望所有品牌都能采取这种策略！

挑选高品质服装： 无论二手、免费或者全新，高品质衣饰永远是你衣柜的首选。如何定义高品质？一般可以从原料类型、布料克重、缝制细节以及是否起球或破洞判断。谨记价格并不总是和质量挂钩，高价格并不等同于高品质，所以在购买前请仔细检查。以下是判断高品质服装的技巧：

·**面料更加厚实**：一般而言，厚实的布料更耐洗，所以更耐穿。虽然薄布料衣服适合炎热天气穿，但太薄的衣服不耐穿。不确定布料是不是太薄？看看衣服的透明度。如果可以轻易看透，那么这件衣服可能不会很耐穿。

·**缝纫牢固**：仔细查看缝线，只要看到松散的线头，即可快速判断这件衣服品质不高。如果轻轻拉扯缝合处就出现缝隙，那也证明这件衣服是低品质。高品质服装会额外缝线填补缝隙。

·**制衣更重细节**：高品质服装制作讲究贴合身形，比如给衬衫等服饰的肩部加上面料，给上衣增加缝褶，或者为连衣裙、短裙和夹克等增加内衬。

·**接缝处花纹对称匹配**：如果你买的衣服有花纹，高品质衣服上的花纹应该在接缝处对称匹配。

·**没有毛边**：除了专门的毛边设计，一般衣服应该折好边缘面料后高质量缝边。这样可以延长衣服的使用寿命，否则毛边容易松散。

·**选择缝制鞋，而非胶粘鞋**：相比胶粘鞋，缝制鞋更牢固，更耐穿。

学习挑选高品质衣服这项技能需要时间，积累经验教训。比如，新衣服洗过几次就变形，以后肯定不要购买类似衣服，甚至拒绝那个品牌。当你找到喜欢的品牌，购买旗下衣服，穿洗多次后仍未变形，那么这些品牌将是你未来购衣的可靠首选。

"少而精"的购买策略： 如果你觉得好的东西都不便宜，不妨开始先少买一点（即"少而精"策略）。尽管快时尚非常便宜，但我们购衣的总花销越发居高不下！换言之，我们只是以更低价格买了更多质量更差的衣服！记者伊丽莎白·克莱因认为："人们的衣柜越来越大，塞得越来越满，我们追逐低价和潮流，牺牲了质量和风格。面对难以抗拒的快时尚，人们在服装上的总支出显著增加，从1950年的78.2亿美元高涨至如今的3750亿美元。"与其抱怨高质量衣服的高价格，你不如反思一下自己去年在快时尚上的花费，是否可以拿这笔钱买少一点，买好一点。

按照上述步骤，你将在不知不觉中拥有一个"胶囊衣橱"！什么是"胶囊衣橱"？这个概念首先由苏茜·福克斯提出，之后被唐娜·卡兰在20世纪80年代发扬光大，指的是一系列高质量、年年穿的经典款。这些必备服饰我称为基本款（想想你常穿的牛仔裤、裙子、衬衫和夹克），可以用季节性单品和不同配饰来搭配。

整理衣柜时牢记这个概念，确定自己的必备基本款，从此不必在购衣上过度花销而产生太多浪费，仅需偶尔买件单品或配饰就能锦上添花！

树立耐穿理念后，让我们来谈谈确保"胶囊衣橱"能够一季又一季地坚持下去的两大思路：爱惜衣服和修护衣服。

爱惜衣服： 爱惜衣服，衣服才能穿得久。遵循衣服标签上的洗涤说明，不用刺激性洗涤剂，合理存放衣服。另外，不用穿一次就洗一次，等到必要时再洗，这样更环保，也更保护衣服。当然，清洗频率取决于衣服用途。例如，常浸汗的运动服应该比牛仔裤更经常被清洗。新手父母似乎每时每刻都在清洗婴儿衣裤则不在讨论范围！衣服洗好后，一定要折好放进抽屉，可别塞进抽屉或扔在地上让宠物蹭来蹭去。你的一点点爱惜会换来衣服大大的回报！挂衣服时，一定要用衣架隔开，不然衣服挤在一起，很难把衣架收回衣柜（没错，那个人就是我），让衣物"呼吸"！

修护衣服： 现在只要东西一坏，人们一般就以换代修。所以，相比开始在衣鞋和配饰上投入更多，不如开始以修旧代买新更有性价比。无论你在衣饰上投了多少（或许免费，比如交换来的），修护有助于衣服保持良好状态，有利地球生态。找个好裁缝或者学点缝纫，把衣服留在衣柜，而不是当垃圾扔掉。鞋子同样需要爱惜修护！如果鞋底磨损，可以换鞋底，我已经换过很多次，每次换完，鞋子焕然一新！换完鞋底，还可以准备鞋子清洁剂、鞋油、保养剂等清洁护理用品以及刷子、抹布等工具，给鞋子做个保养。

成为重复穿搭者

多年来，我的穿搭一直比较固定，我知道的大多数人也都如此。那为什么还要写这个话题呢？那还不是因为社交媒体压力，人们得有套新穿搭才好意思发动态。年轻人最深受其害。18 ~ 25 岁的年轻人中，41% 表示每次都为出门穿搭绞尽脑汁。天啊！是时候摆脱这些社交媒体的束缚了！无论你是否怯于同一套衣服穿两次，以下分享一些翻新穿搭的技巧：

创新混搭： 或许你从没意识到自己总是一成不变地重复所有搭配，是时候混搭创新了，试试纽扣衬衫搭一条腰带？或者干脆全新搭配！

创意配饰： 腰带、珠宝、围巾、夹克等许多配饰都可以让一件 T 恤变得简约而不简单。大胆配饰，创意无限！

与友交换： 为什么穿搭仅限于自己的衣服？借穿、交换、共享，用朋友们的衣饰，丰富你的穿搭！或者从你姐姐的衣柜里顺点衣服，你可别说这是我说的啊！

穿搭重复不重样不仅是风格创新，还在于调整心态。自信和欣赏自己的皮肤和外观。外界认可？当然不错，但最重要的还是内心自我认可，会爱自己。记住，大多数广告都在借机利用我们的不安。要时刻充满信念，按照自己的规则！你才是自己生活的主人。

人们容易被一个人的自信和性格吸引，所以请你展示个性、保持自信，而非每每靠买新衣服寻求认可。这个建议不仅适用于我，也适用于你，因为我们都容易掉入"人靠衣装"的消费陷阱。成熟的时尚品位和重复不重样的自信穿搭态度让你散发自信光芒，人们都会争相向你学习。快与大家分享这些秘诀！我们需要更多人加入"重复不重样穿搭"阵营。

反思与核查列表

我记得不久以前和几个好友聚会烧烤。整个夏季都异常炎热，但那天却是个例外，傍晚过后，气温下降，温度宜人。我的朋友詹娜换上了一件可爱的花呢开衫，我说这件衣服和她绝配。她谢谢我的夸奖，告诉我这件开衫是她近期准备去牙买加度假而买的。说完，她连忙解释这件开衫是快时尚，似乎有意避免话题转向可持续时尚。朋友们都知道我倡导可持续生活，但我开始过这种生活，却似乎活成了人们眼中的"环保卫士"。所以，我写这本书不是为了监视别人，也不会评判别人的时尚选择。

我必须承认，可持续时尚和道德时尚都确实存在不足，比如风格单一，价格偏高。这正是可持续时尚和道德时尚所面临的两难问题。对此，正如我之前提到，我的建议是购买新衣要考虑耐穿，哪怕是快时尚（这个建议一般可不会出自可持续主义人士之口）。人们买许多快时尚，穿了一周后就给扔了。不过我了解詹娜，她会爱护和长久保存衣服，甚至还留着一些高中时期的衣裤！如果你很清楚自己会珍视和保存衣服，那就不用为买快时尚而感到不好意思。毕竟，力所能及就行。

我不是时尚界的圣人。实际上我也购买过那些因量产快时尚而臭名昭著的品牌。多年来，我最珍视的几件衣服就来自这些时尚零售巨头，比如有件10年前买的羊毛外套，我现在还在穿。但即便当初购买快时尚品牌的时候，我也从没想过只穿一次就扔掉。如果真要购买快时尚衣饰，那就常穿常戴，选择那些可以重复洗涤的单品。

时尚极为个性化，反映出一个人的心情、个性、自信程度、财务状况、文化素养、宗教习俗等。时尚可以很有趣，因为我们可以通过服装外显信仰、价值观和个性。然而，时尚也会束人手脚，尤其是现实预算无法填满我们的梦中衣柜。当下最好的办法就是我们充分利用已有衣服，以及和追求其他梦想一样，制定心愿清单，写下目标，为之努力。记住，追求时尚，永无止境。你的衣柜不需要今天就完美无缺。正是对完美的迷恋才让人们对快时尚趋之若鹜。但我的经验告诉我，"买买买"很难填补真正内心的空虚。

本月反思个人着装的断舍离多少会让人感觉沉重。我们不妨换个思路，把精简着装看作自我赋能！我喜欢深思熟虑后理性购买衣服。当然，我们不太可能每次买衣服都保持理性，但在大部分时候可以保持谨慎。基于个人实际，找到个人理性与时尚追求之间的平衡，为现有风格添上一抹个人色彩。以下简单总结了行动清单：

○ 了解自己为何购买快时尚，清楚买了多少，花了多少
○ 清理衣柜，只留喜欢且常穿的衣饰

○ 提升个人时尚品位,避免随波逐流

○ 为理想衣柜建立购衣清单,按单购买

○ 减少购物次数,更加注重品质,尽可能多交换、分享和借用

○ 爱护衣服,必要时要缝补、护理

○ 培养对自身和个人风格的自信,而非依赖于购买快时尚和外人认可来保持自信

· 第七章 ·

巧妙拒绝的艺术

发现说"不"的乐趣

不用，谢谢

回顾人生，我大部分时候对各种杂物都是"来者不拒"。你问我会把酒店的小瓶洗发水和护发素带回家吗？是的我会！参会后会拿走免费宣传袋、品牌钢笔和富余笔记本吗？当然！参加婚礼后会带回宾客回礼吗？肯定的！多花 25 美元只为所谓"免费"的美容套装小样吗？是我！需要相应的包装袋吗？我要！需要小票吗？当然！订阅不？订！需要积分奖励卡吗？必须的！那同事送的那座并不好看的小雕像呢？收下！我的欲望好似打开了水龙头，纵容各种零散杂物源源流出，把我淹没……你呢？

其实我很难解释自己为什么放任这些杂物涌入我的生活。或许一方面是碍于社会礼仪（拒绝别人会显得自己无礼），另一方面则是沉迷"免费"拿东西所带来的兴奋感。然而，随着自己认识到时间、精力和储存空间的宝贵，我最近仔细评估拿回的杂物，发现它们真是不值一"拿"，而且这些杂物拿回家后最终还是扔进垃圾桶，相当浪费。正如前文所述，首先，生产这些物品需要耗费能源和原料；其次，我们人为制造"需求"，让这些杂物进入生活。不过，它们的最终归宿无疑还是垃圾场。

接纳这些杂七杂八的物件费心费力，甚至让人心力交瘁！设想一下，无论是酒店迷你洗漱套装，还是"免费"的会议礼品袋，我把这些无用之物带回家后，就得分类收纳，所以它们还会占据家里空间，不断积攒灰尘。坦诚而言，我们自己心里很清楚这些东西里的绝大多数最终不过是被断舍离的杂物。因此，我们应该从根源上收紧欲望，一开始就拒收这些东西，从而节省你的时间精力，因为你不需要带它回家、收纳、照顾、擦拭，或在取其他东西时挪动它们，最后再丢掉它们。这些都是宝贵的精力啊！难道你不想把时间和精力用来做其他事情吗？

用一句话总结：我不想花时间精力去拿回、整理并扔掉那些本应一开始就拒收的杂物。让我重复一遍：一开始就拒收。远离杂物的最佳方法就是，当有人拿着赠品接近你时，对他说："不用，谢谢。"不要像当年的我物欲横流、来者不拒，而是应该更为仔细斟酌自己是否需要把这些杂物带入生活，拿进房间。巧妙应对亲友赠送不需要的杂物（比如，贝蒂姑姑又给了一个花瓶）的方法就是坦诚拒绝对方。最后，虽然我没有孩子，但我听说小孩也会带很多垃圾回家！

你可能会想从来者不拒到懂得拒绝，实现这种转变很难。我明白你的想法。改变有时很难，既难在我们改变自我，也难在我们所爱的人接受我们的改变。不过人们了解你行事风格转变后，他们会慢慢习惯你的改变！向大家坦陈自己的喜好，再给出你的解释，大多数人都会理解。当然，贝蒂姑姑可能会有点不高兴，但也许这也说明你得和她更为深入地认真聊聊自己新的生活方式。

本章讨论如何在避免失去朋友或惹恼家人的前提下，掌握巧妙拒绝的艺术。简而言之，就是设定新的人际边界、避免尴尬交流。想要成为精通巧拒杂物的艺术大师，请遵循下列简单方法：对各种临时冒出的杂物说"不用，谢谢"；与亲友划清新界限；减少节日礼物浪费。拒收杂物，重获人生。垃圾场都会感谢你呢！

对各种临时冒出的杂物说"不用，谢谢"

这么多年以来，我的信箱每天都有垃圾信件，而我一直都没想明白明明可以拒收，但自己却不付诸行动。信箱是典型的杂物之源，要么充斥着我们本可以拒收的信件，要么正常信件也是杂乱无章地放着。拒收下列垃圾信件和其他杂物的方法如下：

垃圾邮件： 如果你不看一眼就把信箱里的广告传单直接扔进垃圾桶，那么是时候直接拒收这些垃圾信件了。不过，拒收方法因地而异，一定要咨询所在地邮政部门如何避免收到各类传单广告。这些相关信息大多可以在网上找到。比如在我居住的地区，只需要在信箱上画个"拒收垃圾信件"的符号就行。

账单和通知： 账单、通知等大多数纸质信件如今都可以发送电子版本。因此，为避免收到纸质信件，你可以新建邮箱，专门接收电子文件。

名片： 尝试获得线上联系方式，比如通过职场社交平台领英（LinkedIn），而非收取纸质名片。每当有人递给我名片时，我便会问："我可以直接在领英上添加你吗？"大多数时候对方第一反应都是感觉奇怪，但当理解我的想法后，他们总会发出"这个主意好！"和"这个方法真巧妙！"等类似评价，仿佛这种相识方式颠覆了职场社交！当然，我也会用手机来拍下对方的名片，这种相识方式同样方便快捷。

赠品： 赠品多种多样，来源五花八门。请拒收酒店洗漱套装、购物赠品、免费小样、礼品袋、品牌促销产品等。别人准备赠送你免费礼品，不要害怕，直接拒绝："不用，谢谢。"这时可能气氛有点尴尬，但你基本上不会认识对方，所以不必担心冒犯对方。假如你礼貌拒绝，对方还要坚持赠送，那就是他的问题了。如果这种拉扯还没结束，你可以解释说自己正在尝试轻质生活。

纸质报刊： 很多报纸杂志都推出了在线版，所以如果你仍然订阅报刊，不妨转为线上订阅。

孩子的杂物： 孩子们总会带杂七杂八的东西回家，尤其是上学之后，他们的"艺术品"和家庭作业，还有教师要求家长填写的表格都一股脑地拿回来，让人头大。据我所知，父母还得小心翼翼地处理这些东西。对于"艺术品"，拒绝并非良策，家长们索性敞开家门，和孩子一起自豪地展出他们最爱的佳作，然后悄悄丢掉其他作品。对于书面作业，可以与校方联系，问问能否发送电子版。至于其他杂物，家长首要目标是在孩子成长过程中传授他们"精简"价值观。你的言行举止和努力地尝试可持续生活，他们都会耳濡目染。教会孩子们如何在适当的时候拒绝，有助于他们少带杂物回家。

熟悉这种新拒绝方式可能需要一些时间，但你会很快掌握。这种略显叛逆的行为是一种自我赋能体验，自己仿佛突然间加入了一个少人知晓的"秘密俱乐部"。至少我有时就有这种感觉，而我现在正通过本书传递这种感觉。欢迎你加入俱乐部！巧妙地拒绝他人不应成为什么最高机密，而应让更多人知道！

巧妙拒绝本质在于提前计划和建立防杂物体系，而且仅需稍微布置就会成效显著。如今，我的信箱里已经再也看不到垃圾信件，从此无须整理垃圾信件，再把它们丢进垃圾桶。

"你是你，我是我"——与亲友划清新界限

说实话，没有人愿意直接对人说"不"。巧妙的拒绝艺术本质在于提前与对方说清重要但有时很难以启齿的信息，从而避免以后直接拒绝对方。当我回顾自己追求极简主义和节俭生活的种种过往，我意识到这真是一次影响人生的转变。

不过，这个转变不会马上实现，你也不能指望和家人朋友聊一次天，他们就能明白你的新理念。你应该降低亲友对你新面貌的接受程度，而不是简单交代你的新生活方式与新喜好。你很可能得沟通很多次才能让他们明白你的想法。你的想法观点可能永远都无法被对方完全理解和接受。

巧妙的拒绝艺术基本分两类。第一类是和家人、朋友，甚至同事聊聊你的新生活方式和新个人喜好；第二类是在适当时候更为直接坦诚地说"不"。下文将探讨应对这两类尴尬对话的最佳策略。首先是应对第一类尴尬对话的两步走策略。

1. 和对方谈谈自己的新价值观：回想原来的自己，思考自己现在与以前有什么不同？懂你的人对你的生活风格抱有一定的预期，那是根据之前对你的了解。如果你的生活方式正朝着更加环保的方向转变，那是因为你的价值观发生了改变。过去的你也

许强调便捷性（但大量产生了便携式咖啡杯等一次性塑料），而现在的你更加看重生活的可持续性（有利于减少塑料垃圾污染海洋）。在和亲友交谈中，你必须向他们阐明你的新价值观及其缘由，解释你如今的生活方式与他们之前所了解的习惯作风之间的差异。

2. 解释新价值观如何影响你的喜好： 第一步打好基础后可以开始第二步。在阐明自己的新价值观后，你为接下来"喜好"对话奠定了基础。回到咖啡杯的例子，假设你的同事加里每天早上从当地咖啡店给你带一次性杯装的咖啡，作为你经常给他带烘焙零食的回礼。但在新价值观下，你更希望用可重复使用的旅行杯喝咖啡。因为你前几天已经和加里好好聊了聊你的新价值观，所以当你最终友善地向他表达感激并婉拒早上用一次性杯喝咖啡时，他不会太过惊讶。同时，确定新喜好的另一重点是提出彼此都能接受的替代方案。比如，你可以建议同事们在上班时间都用自己的杯子泡咖啡。至于加里是否接受你的婉拒已无关紧要，因为你已告知自己的新价值观、新喜好，提供了新方案。决定权转到对方手中，他们自行应对你的改变，这就是双赢的结果。

两步走对话策略有利于长久地树立你的新风格。不过，可以理解的是，对方随着你的转变而转变需要一些时间（比如，加里可能忘了你们的对话，还会习惯性地给你送咖啡），这时你得友善礼貌地重申自己的价值观和喜好。但有时无论你重申多少次，有些人或许永远不会改变他们待你的方式，比如你的爷爷奶奶，但我觉得这也没有关系。如果爷爷奶奶或其他人无法或不愿改变他们的方式，那么请将你的努力集中在更有回报的人或事上。除了这些以外，你还会发现社交圈里的大部分人都会尊重你的意愿，最终慢慢习惯全新的你！

现在，我们来探讨更直接、更临场、更尴尬的第二类对话。面对不想要的赠送时，尽管你内心独白"我的天，别给我"，但说出口的话应当更加委婉，而且大概率需要立刻思考如何礼貌回复"不用，谢谢"。以下分享了一些礼貌拒绝的技巧：

- "感谢你的好意，但我应该用不上这个，所以别让我拿着浪费了。"
- "谢谢你的心意，但我家实在放不下了。要不送给更需要的人？"
- "感谢你能想到我，但我已经有一个了。对了，我听说巴布一直想要这个！要不送给他？"
- "我现在努力过极简主义生活，所以不得不拒绝你的好意。但还是谢谢你想到我。"

· "谢谢你的关心！我还用不上这些。你有没有考虑过把它们捐给非营利性组织？"

· "哇，非常感谢，你真是太大方了。只可惜我家东西早就堆积如山，所以真不用了。"

· "谢谢你的馈赠，我已经有一个了。你觉不觉得这个可以送给比我更需要它的人？"

说"不"很难，但总比心里想"不"，嘴上说"好"更好（内心解脱了）。警诫自己说"好"将付出时间、努力、精力等真正代价，有助你挺过尴尬但短暂的说"不"时刻。你越拒绝，你越能自在自信地说"不"。当然，有时你觉得实在不好意思说"不用，谢谢"，接受礼物也无妨。

如何处理礼物

从小到大，我喜欢收到礼物，也乐意送出礼物。尤其是圣诞节期间，圣诞树下的礼物越多越好！我家的宗教氛围并非特别浓厚，但我们会以大众化而非宗教化的方式庆祝圣诞节和其他节日，过节的重点是家人团聚和互赠礼物，而不是祷告和去教堂礼拜。

装扮圣诞树是我每年的快乐源泉！我还记得立起那棵小塑料

树时的兴奋劲儿。我们把这棵只有1米左右的小树放在柳条桌上，提升它的高度，自然就扩充了树下空间，放下更多礼物！我们会在树上挂上一串彩灯，再点缀上多年来或外购、或自制的可爱饰品。在平安夜，我最喜欢在家人们都睡下后，悄悄溜出房，坐下来看着那棵圣诞树在静穆的黑夜里闪闪发光。不过，我至今仍没想明白为什么从没"逮住"圣诞老人！

在这个特殊的宁静时刻，我不仅好奇圣诞老人会带来什么礼物，更让我有时间反思拥有的幸福和快乐，哪怕我们的家庭生活远非完美。现在回想起来，我才明白那些宁静时刻真正意义在于感恩，感恩与家人共同度过的点滴时光，感恩生活赐予我的机遇良缘，当然也要感谢那些送给我的礼物。在那些安详而闪烁的时刻，我望着圣洁光亮的圣诞树，感受童真带给自己的那种魔力。虽然我们家的圣诞树并不高大，却让我满心欢喜。

作为延续数千年的人类互惠行为，赠送礼物可见于所有文化，成为庆祝活动、宗教仪式以及葬礼等更为严肃场合中的重要环节。如同其他习俗，赠送礼物也日益商业化。但这毫不奇怪，市场营销已经拔高了人们对于特殊节假日的收礼期待，不仅让消费者背上高额债务，而且送出礼物惊艳对方、表达爱意让人深感压力，毕竟有时我们买不起昂贵礼物，进而又增加经济压力。2020年，美国人均节日债务高达1381美元。为什么我们非得累积债务来表达爱意？让我们摈弃这个恶习吧！

多年来，我收到礼物后一般都会挑剔一下。我很清楚这听起来有点忘恩负义，但功在长远。我们收到的礼物通常是来自朋友、家人，甚至是同事精心挑选的。他们也许知道你想要什么，也许不知道，或者只是找到了他们以为你会喜欢的东西。

但问题在于我们常常会收到不喜欢的礼物。虽然我们仍会表示感谢，但礼物只会被搁置在柜子深处。与其收到不想要的礼物，为什么不多给大家一点明示呢？要想礼物真正为自己所用，我的建议是制作一张愿望清单（类似新婚礼物清单）与亲朋好友分享，或者提前让他们知道你什么礼物都不想要。对于生日、产前派对或者婚前派对等场合，你都可以制定一张这样的清单。

有人觉得有了既定的愿望清单，送礼就失去了创意，但我们可以为备选礼物提供开放式方案，比如礼物固定但颜色或风格随意，或赠送各类体验或消耗品，为赠送礼物添加乐趣。同样，可以直接问问亲友喜欢收到什么礼物。

当然，并非所有场合都适合分享礼物愿望清单，比如乔迁派对或成年派对。对于这些情况，你可以这么说："我不要礼物，如果非要带，带点甜点或一瓶红酒就够了，我们可以一起享用。"

这种期望明确的方式可以减少不必要和不想要的礼物，而且消费品不会永久堆满你家里！

如果你的尝试收效甚微（或者说仍收到很多礼物），你可能得多次重申自己的礼物偏好（就像我们刚才谈到的设定界限）。但面对贝蒂姑姑这样的人，你也许只能放弃原则，因为他们可不太可能改变自己的送礼习惯。遇到这种情况，请尝试下列技巧处理不需要的礼物：

退货： 如果你拿到了购买礼物的小票或者即使没有，你都可以尝试退货，从卖家那里拿到退款或礼品卡。

转赠： 把礼物转赠别人，但事先要明确对方想要并且会用这个礼物。为了避免尴尬地谈转赠，尽量送给其他社交圈的朋友。例如，家人送的礼物最好是转赠给朋友，反之亦然。

转卖： 如果愿意花时间精力，可以试着卖掉这个礼物。

赠送： 你可以通过克雷格列表（Craigslist）等免费分类广告网站或 Facebook 旧物群免费送给别人，或捐给慈善机构，让其使用或转售该礼物。

送礼和收礼的最重要环节通常是接受礼物，这就解释了为什么大多数情况下，当场拒绝礼物行不通（否则就显得你不知感恩）。也就是说，一旦接受，礼物就归你了，怎么处置悉听尊便。然而，让一件物品在房里积灰毫无意义，它需要一个新家，被人使用，受人喜爱。所以，请感谢赠送者，然后为礼物找到新的家庭，不要有负罪感。

至于交换"等式"的另一侧——给你所爱的人送礼物，如何让他们脸上绽放笑容，但不增加地球负担——请继续阅读。

减少假日废弃

从感恩节到圣诞节这段时间，美国人比平时多扔掉 25% 的垃圾。如果每个美国家庭拿可重复使用材料包装 3 份礼物，节省的纸张可以覆盖 45000 个足球场。

节日季真是浪费季，食物、礼品包装和袋子、纸巾、卡片、丝带、盒子，各种浪费不胜枚举。不做浪费者，让我们探索减少浪费的有趣方法！

从小到大，我一直好奇为什么人们花时间精心包装礼物，却在圣诞节当天拆开礼物后就把漂亮的包装纸、丝带和蝴蝶结统统扔掉。我曾怀疑这种做法，还保留了一两个蝴蝶结为来年包装用，但当时我还没想出一套替代方案。如今情况已经改变。这些年来，我和丈夫努力重复使用，减少丢弃包装。为了贯彻这种新型再利用理念，我们买了很多可重复使用布制礼品袋，用来包装节日礼物。这种"包装"简单快捷，而礼物一旦拆开，我们就回收这些礼袋，明年再用。

我承认自己有点极简主义，但我并不介意保留一些环保袋等可重复使用物品，毕竟留着再用总比买新的又浪费好。我的亲戚们都知道，这些礼品袋要留着明年再用，所以他们不会把这些袋子连同礼物一起带回家。给朋友们赠送礼物时，我们把可重复使用礼袋作为礼物的一部分，这样他们准备赠人礼物时就可以使用这些袋子包装！以下是送礼场合减少浪费的妙招：

可重复使用礼品袋：你可以自制或购买可重复使用礼品袋。礼品袋材质可以是布的或纸的，材质越结实，袋子越耐用。

报纸：报纸、杂志和其他终究被扔掉的纸质材料可以作为包装纸使用。

蝴蝶结和丝带：与其把蝴蝶结和丝带扔进垃圾桶，不如保存起来，下次送礼使用。

其实，你可以不送实物礼物！考虑以下几个选项：

赠送体验：谁不喜欢留下美好回忆呢？无论是简简单单的两张电影票，还是紧张刺激的一日滑雪体验，赠予对方喜欢的美好体验，包括：

·约会之夜

·流媒体会员,如流媒体视频平台"奈飞"(Netflix)或流媒体音乐平台"声田"(Spotify)

·线上或线下健身房会员

·艺术馆或博物馆会员

·线下或线上一对一专业课程,如编织、烹饪或国际象棋

·水疗服务,如按摩或美甲

帮个小忙: 照看孩子或铲雪,施展所长,花点时间,帮点小忙,人们喜欢这个礼物!比如:

·打扫屋子

·烹饪或烘焙

·协助搭建或翻修

·按摩

·代购(如跑腿去趟杂货店)或其他杂事

·清理院子

消费品礼物: 与体验相似,消费品也是不错的送礼备选,因为它们不会无限期地在别人家里逗留(比如,鲜花最终会进入堆肥箱)。一瓶红酒、烘焙食品或者一顿家常饭菜,选择多多!

以捐为礼: 捐赠是回馈社区的好方法!那么问问对方希望捐

赠什么礼物给慈善组织或机构，那么根据你对对方喜好的了解，选择合适的捐赠。人们会很高兴自己收到礼物能产生更大的影响。

反思与核查列表

拒收赠品或礼物感觉确实有违人情常理。这就需要既不冒犯他人又能拒绝对方的巧妙艺术。一般来说，首先得事先与朋友、家人和同事友好地说明自己的礼物偏好。对此有人会理解，有人则不会。大多数时候，人们都会接受你的请求，尊重你的意愿。

我个人喜欢赠送礼物和收到礼物，但我送礼方式和收礼喜好都已改变，并且已经尽力向亲朋好友解释说明。这一切本质在于设定人际边界：坦陈想法，收获尊重，这种成就感会让你不自觉地为生活新设更多有益界限。以下总结了几个方面，供你施展巧妙的拒绝艺术：

○ 关紧"欲望水龙头",拒收不需要的礼物,新建邮箱,收取电子版,拒收纸质垃圾信件、账单

○ 拒收不必要的赠品,如酒店洗漱套装和礼品袋

○ 告知家人朋友你的礼物偏好

○ 送出体现你价值观的礼物(如赠送体验券和消费品),以行动支持观点

○ 毫不内疚地放弃无用礼物,并为它们找到更好的新归宿

· 第八章 ·

家人与朋友

如何避免成为一个"无所不知"又"好为人师"的人

可持续发展达人

我将家中可重新利用的罐子洗净、晾干、收入背包。然后系好鞋带，走出家门，带上它们前往零售食品店。这不仅是我第一次自带容器去购物，我和丈夫还选择了步行前往。看看吧，世界，我是一个可持续发展达人！我去的散装零售店最近推出了一个"可持续使用容器计划"——允许顾客使用他们自己的容器来装散装食品，包括日常的巧克力、散装大米以及高端的全天然有机花生酱。我只需要先让工作人员称重并检查我的容器，然后就开始填充我的罐子了！这感觉真不错！直到有人在社交网站上"友情提示"我，我的低废弃购物不能解决世界的问题。呃，好吧，这多少有点让人沮丧，总是有人喜欢泼冷水，你也很可能经历过这种事情。

与此同时，我和我的丈夫多年来一直是开市客（Costco）超市的忠实顾客（现在依然是，只是我们的购物方式改变了），所以我们也曾囤积了一大堆一次性包装。尽管我们已经对可持续生活有所关注，但我们从未真正质疑、检查过每周扔进垃圾箱或回收箱的物品。可持续生活为我们打开了一扇新世界的大门，现在我们充满了新加入者的热情。如果你正在阅读这本书，那么你很可能也有同样的感受。然而，问题在于，即使可持续生活对你而言很重要，但并不意味着，它对你的朋友、家人或同事也很重要，他们没有像你一样醒悟过来。因此，这是一条荆棘丛生的道路，在某些时候可能会很棘手。

我的丈夫同我一起学习适应，尽管他可能没有我这种热情，对低废生活的认知也没有我这么清晰，但让他了解这些我花了很长时间才搜集到的新信息以及做出的新尝试，肯定是有好处的。这样他就能完全理解为什么我们家里会出现变化。当他明白我们为什么要做出改变时，那么实践这些改变就更简单了。

以我们家的洗浴用品为例。大多数人都喜欢长期使用同一种品牌的洗发水和沐浴产品。当我开始减少"浴室废弃"时，我就要从头开始，尝试新的产品。这个我们在第五章已经讨论过。如果我的丈夫没有理解我做出这些改变的目的，那么他可能就不会配合我去尝试一些新洗发水、肥皂和其他混合物、润肤露了。最终，我们选择了一款我们俩都喜欢的无塑洗发香皂，用简便易起泡的肥皂替代了瓶装沐浴露，用可回收的金属刀片和安全剃须刀替代了一次性刀片和塑料剃须刀。我没有要求他做出任何改变，但当他和我一起观看"零废弃"纪录片时，他很乐意与我一同尝试新生活。这是一种循序渐进的有益过渡。

我的家庭是这样，可能其他家庭就没这么容易了。也许你会遇到来自亲人和朋友的阻力，他们并不认可你在家庭里或者是社交场合中采取这种"低废弃"的生活方式。虽然我们自己知道，如果每个人都理解我们的改变并同我们一起实践，这个世界会变得更加美好，但目前看来还不太现实，因为人们并不都是这样做的。内心有持久的热情才能实现持久的改变，意志力是最大的动力。所以，是不是我们就无法影响周围的人了呢。不！当然可以，而且我们应该用更人性化的方式来影响他人。无论我们的亲人、朋友是否参与，家庭的支持和认同在进行如此重要的生活方式改变时具有很长远的作用。这就是本章的主旨：如何让朋友和家人参与进来，同时又不成为那个自以为是的、告诫每个人如何生活的说教者。让我们分析一下如何实现这个目标：首先要做好自己，以身作则；然后邀请他人与你一起学习；学习当你的家人不支持时，自己该怎么做。这种方法有望激励和影响你周围的人变得更好！如果实在不行，那就再换一种思路继续前进。

首先，做好你自己

　　你知道海鸟为什么喜欢吃海洋里的塑料垃圾吗？是因为塑料

垃圾闻起来很香！显然，科学家们已经发现：塑料一旦被像藻类这样的自然生长物覆盖，就会变得格外可口，这正是海鸟爱吃它们的原因。很有趣吧，我之所以知道这个信息，是因为我花时间进行研究和阅读、观看纪录片，并专注于拓宽我的知识面。没有人能够凭空获取到真实的信息和数据，我也是！

所以关键就在于你要对自己所做的事情百分百熟悉，并不断更新知识，提升你自己。这并非一劳永逸的事情，而是需要终身学习。新信息、新数据每时每刻都在更新，生活在变化，人类对地球的影响也在变化。所以，在你试图对任何人说教之前（你本就不应该这样做），请先教育自己，先充分了解自己，再展开研究和工作。这样，如果再有人质疑你的信仰、生活方式的变化和选择，你就可以用强有力的事实和数据来坚持自己的立场。

请记住，你不必成为专家。你不是环境科学家、生物学家或化学家。实际上，对于我们普通人来说，那些在现场搜集数据并把这些重要信息与大众分享的人是最重要的。但是如果你是专家级别的话，那就更好了！你已经拥有了丰富的知识。而我们其他人就需要额外努力，以确保我们对世界上正在发生的事情有一定的了解。

你不必对所有的事情都了如指掌，有时候只需几条信息你就能够引起关注。你可以如下展开对话:"你知道吗?全球居然只有9%的塑料被回收利用了!"然后你就可以顺着话题往下说了,你还可以引导对方主动发问。以下是一些补充的信息,如果有人追问细节的话,你可以提前准备好:

· 2019年,全球共产生5360万吨的电子废物,其中只有17.4%有收集和回收记录。

· 每年为提供给人类消费而生产的食品中,有三分之一被浪费掉了,数量大概是13亿吨。

· 欧洲和北美地区每人每年的消费性食品浪费量在95至115千克之间,而撒哈拉以南的非洲、南亚和东南亚地区的消费者每年只浪费6~11千克的食物。

· 人类每分钟消耗超过100万个一次性塑料瓶。

· 铝可以无限次回收利用。

· 回收塑料的质量会降低。

邀请他人与你一同学习

与他人共同学习是鼓励他们做出改变,让生活方式"更轻质"的好方法。相较于教育他们如何看待世界,共同学习会更加潜移默化又直观细致地帮助他人看到你所看到的世界。你们一起看完一部有关野生动物是如何被倾倒进河流的一次性塑料杀死的纪录片，会比你口头劝告对方不要使用塑料吸管更有效果。

当我还在公司工作的时候，我决定组建一个"绿色团队"，我希望以此来鼓励更多人做出积极的改变。在下一章节中，我将分享更多细节。在绿色团队活动期间，我们组织过"垃圾清理"活动，并利用午休时间观看过几次环保纪录片，一起订比萨会吸引更多的伙伴哦！在观看了纪录片《塑料海洋》后，我特意观察了一下，公司聚餐时的一次性用品，如盘子、杯子、餐具和餐巾纸等物品的使用明显减少了。我一直认为，在公司里使用一次性用品是一种浪费，因为我们可以随时使用带水槽和碗架的厨房。以前的问题是，很难找到清洗碗碟的志愿者，但是观看完环保纪录片之后，这个问题马上就得到了解决。像变魔术一样神奇！

请记住积习难改。人类很快会遗忘某一瞬间的动力，就像观看过环保纪录片之后隔段时间，很多人可能又会回到更"浪费"的生活方式中去。据我观察，公司里的这种事常有发生，包括我自己。能够帮助我们克服障碍，取得长足进步的最好方法就是不断汲取新的、轻松的、有趣的灵感。确保其大多是轻松有趣的，如果每次都是观看那些"因为胃部被塑料塞满而惨死的鲸鱼"的图片，你自己也会感到不适。话虽如此，这些令人心惊的纪录片还是值得一看，因为它会直接刺激观众去行动。也许这些推荐最终会让这本书过时，但以下列出的是我喜欢的纪录片清单，你也可能喜欢！纪录片会不断更新，欢迎大家一起观看学习。

- 《塑料海洋》
- 《最大的小小农场》
- 《污染改变了一切》
- 《蓝河》
- 《人类世》
- 《真正的成本》
- 《革命》
- 《浪费之战》
- 《极简主义：记录生命中的重要事物》
- 《亲吻地面》
- 《臭气熏天》
- 《洪水泛滥之前》
- 《追逐珊瑚》
- 《我们星球上的生命》
- 《食品公司》

以身作则

自从过渡到"轻质"生活以来，我比以前任何时候都吃得健康。对消费的规划更加合理，买到了更好的产品，减少了因过度消费而带来的悔意。此外，我还扩大了网络社交圈，结识了一些可以终身相交的新朋友，并有机会与各行各业的人聊天，讨论全球垃圾问题。这种生活方式的转变是一种相当"酷"的体验，它持续地给我带来新的灵感和挑战，例如撰写这本书。

以下是你过"零废弃"生活时可能体验到的有益"副作用"：

·减轻压力

·更健康的饮食

·更健康的体重

·认识新朋友

·存款增加

·获取新技能

·涉猎更广泛的知识，并能够同时教授他人

·体验到做贡献带来的积极感

无论你获得的是哪种体验，请尽量用轻松又随意的方式及时地分享给你的家人和朋友。无论是现在还是未来，你个人的变化都有可能会吸引到其他人来效仿。

当你的亲人不支持时该怎么办？

有时候，尽管你已经尽力了，但并不是身边的每个人都会做出你认为的对于人类、地球和子孙后代更好的、更环保的选择。这确实是令人沮丧，我理解这一点。但还是必须牢记：我们没有资格去告诫其他人如何生活。我们也不需要变成"环保卫士"。即便是这样，也不意味着你要就此放弃。如果你觉得合适，你可以开展积极有效的谈话。

去年，我参加了一个由可持续生活倡导者们组织的座谈会。在活动中，我遇到的最常见的问题就是：如何让朋友和家人参与进来？特别是当他们对可持续生活方式完全不感兴趣的时候，怎么办？我的一个来自"绿色社区"的朋友米娅·简给出了迄今为止我听到的最好的回答和建议。米娅建议简单地询问家人和朋友对特定话题或生活方式改变感到不舒服的原因。

以下是一些例子：

· 是什么让你对旧物品的回收和堆肥感到不适呢？

· 是什么让你对自带咖啡杯、水瓶和购物袋感到不适呢？

· 是什么让你对轻质生活方式感到不适呢？

· 是什么让你对二手购物感到不适呢？

他们可能不会与你分享具体的想法，回复你的时候可能也只是简单说几句，他们可能不太关心这些环境问题，所以你得做好心理准备。人与人是不同的，不同的人有不同的观点、不同的见解以及不同的生活情趣。即便理解"虽然我们生活在同一个地球，有着共同的需求，人人都需重视可持续发展。但我们仍可能对此持不同看法"，这个道理并不难理解，但我们仍可能对这些问题持不同看法。

如果你的家人和朋友愿意花时间回答你的问题，那么就开放而友好地谈论它。不要轻易评判他们的观点，不要急于表现得像一个"地球守护者"或是"环保英雄"，急于评判他们的选择。相反，你要学会理解，学会倾听，这会帮助你洞察到：到底是什么阻碍了他们向可持续生活转变？然后，如果他们感兴趣的话，你可以顺着他们的思路，提供一些建议来帮助他们克服这些阻碍。

你可能还会遇到一个问题：许多人会觉得个人的行为无关紧要，不会产生影响。我猜想你肯定相信个人行动很重要，否则你可能不会阅读这本书。我与你的观点一致，我也认为个人行动很重要，但不能孤立地看待，而是应与政府和大型企业采取的其他重要行动相结合。地球上没有任何事物是孤立存在的。以下是一些你可能遇到的争论点：

· "鼓吹把可持续发展的责任落在个人身上，是大型污染企业继续破坏地球的借口。"

· "个人无法影响气候变化。"

- "关注个人行为会分散政府的责任。"
- "为什么要费这么大劲？反正人类都快完了。"

对我来说，此类言论不过是个体不作为的借口。这也让我想起了旁观者效应，即"在紧急情况下，个体在有其他人在场时，出手帮助的可能性降低，援助的概率与旁观者人数成反比"。换句话说，就是当周围有其他人时，个体更不可能帮助需要帮助的人。同样，选择不采取行动，认为这是政府、企业的责任，也是一种逃避的形式。请别误解我，我也觉得生产塑料瓶的公司将责任转嫁给个人，让个人通过"垃圾清理活动"来清理社区是不合理的。但是，如果你回想一下我上面强调的那个事实——人类每分钟购买超过一百万个一次性塑料瓶，那么问题就很简单了。基于此事实，你不认为消费者也是问题的一部分吗？这种话题并不新鲜，我也不指望通过本书能解决争论。但是，如果你发现你已经卷入了这场争论，可以考虑添加以下一些想法：

个人对周围的人是有影响力的。以扔垃圾为例，如果你周围的人都不乱扔垃圾，而你却到处乱扔垃圾，那么你的这种个人行为肯定会受到周围人的指责。在那种情况下，你不太可能再乱扔垃圾了。因为人类是社会的一部分，个体不是孤立存在。当我们的行为传播开来时，大众能够看到的时候，这些个人行为其实已经被凝聚并扩大了无数倍。简而言之，于人类而言，个人永远是集体的一部分，这就是人类的经历。因此，个人行动确实很重要。希望这种观点能帮助你应对这种类型的讨论！

无论你做什么，都不要刻意引导话题，强迫他人参与讨论，让谈话发生得自然一点。如果对方不想再聊了，那就果断结束，切莫强求。你只能尽你所能给其他人一些建议，最终的决定还在他们自己。如果他们未来转变了想法，也许会主动来找你了解更多信息。

反思与核查清单

如果你尝试了本章中提到过的所有行动，你的亲人、朋友和同事仍然不能共情，或者仍然表现出漠不关心的态度，那也没关系。你不太可能说服所有人都接受你的理念。有得也有失，都很正常。如果你成功地影响到身边的几个人转变了生活方式，那就太棒了，你应该为此而庆祝一番！记住，无论如何，先做好你自己，你是第一位的。你无法说服所有人,但也不必因此而拖垮自己。

获得家人的支持是很重要的,所以与家人讨论"轻质生活"这个话题很有意义。如果你的家人完全不支持你,或只能在某种程度上支持,没关系,你还可以通过其他渠道找到志同道合的朋友,他们会激励你保持在正确的生活轨道上!网络上和现实生活中有一大批坚持可持续性生活的人,下一章我们要讨论的就是如何建立你自己的社交网络!

无论你做什么,请勿忘初心,不要忘记自己最初为什么要开始这种生活方式。通过减少废弃物以获得更可持续的生活方式,是值得称赞的,并且是创造社会变革的一种非常重要的手段。我们在上文中提及的一些环保行为都有可能让你在现实生活中寻找到伙伴。无论如何,请保持冷静并继续前进。以下,是本章的一些反思与备忘:

○ **了解对你来说重要的环境问题,并在适当的时候与朋友和家人分享这些信息**
○ **不要说教,而是与家人和朋友一同学习**
○ **以身作则,让他人直观地看到你正在体验的可持续生活方式的好处**

○ 当你的家人、朋友对你的话题不感兴趣时，请考虑简单询问他们对某些生活方式改变感到不适的原因，开门见山但不要妄加评判

○ 避免成为"环保卫士"，但要成为有成效的对话者

○ 先做好自己的事情，过好自己的可持续生活，至于其他人是否加入？顺其自然就好

○ 找到你自己的社交群（下一章将作详细介绍）

· 第九章 ·

你并非孤军作战

在现实和网络中找寻志同道合的伙伴

为自己感到骄傲

当我一开始告诉周围的人我决定过上更可持续的生活时，我得到了一系列鼓舞人心的回应："你的决定真是太棒了！你做得很好！这很重要。""为你感到高兴！"尽管总体上是积极的，但我仍然有点沮丧，大多数人都给予了我肯定，但他们并没有立刻受到鼓舞说也想在自己的生活中做出改变。然而，我注意到，只要我更多分享自己的生活方式，周围的人就会慢慢地逐渐接受做出一些微小的改变。

我知道以身作则最好，但仅仅有人在场外为我欢呼是不够的，我想和志同道合的人一起努力，而不是让他们仅仅停留在口头上的支持。"你现在做的事情真了不起！"我的家人极力地支持我。让家人参与进来，会让你的"轻质生活"之旅更轻松。但即便如此，我还是想寻找那些志同道合的伙伴。因为与他们在一起，大家的对话就会变成相互鼓励："我们做的这件事实在太棒了！让我们再接再厉！"寻找伙伴并建立一个对"低废弃"和保护环境感兴趣的社交群体，有助于我维持可持续的生活方式。当我与伙伴们一起行动时，我很乐意改掉一些不好的习惯。我从比我更早关注"低废弃"生活的伙伴们那里学到了很多技巧和诀窍。有些出乎意料的是：通过互联网社交媒体平台，找到各种积极的有组织的社群并不难，尤其是通过像 Facebook 和 Instagram 这样的社交媒体平台。

对于我来说，最大的尝试是开始在公共社交媒体上记录我生活方式的转变过程。这样一来，人们无论身处何地，都可以同我一起感受并分享经验。通过社交平台，我结识了一些现实生活中的朋友，不久之后我开始在各种活动中发表演讲。与此同时，我也在当时的办公室里组建了一个"绿色团队"（负责公司的垃圾清理并组织在午餐时观看环保纪录片），而且我还加入了负责废弃物管理的市公共联络委员会。在两年多的时间里，我结交了一大批新朋友，在绿色生活社群里拓展了我的专业社交网络，并通过我的博客"零废弃小站"（The Zero Waste Collective）成为可持续生活方面的专业人士。

组织并维护这些社交群让我找到了归属感。我感觉自己不再孤军奋战，因为我找到了一个与我同向而行的社群。相信你也可以做到！而且现在已经有了越来越多这样的社交群体，你不需要像我一样通过写书或者是在公开场合发表演讲，就能在网络上找到伙伴。

你准备好去寻找自己的社交群体了吗？无论你是社交达人还

是社恐患者又或者是介于两者之间的"社杂",你都可以在全世界范围内找到伙伴,并加入大家,一起讨论可持续的生活方式。不论是时间,还是地点都很自由,你可以在家里穿着睡衣从舒适的沙发上开始,也可以线下参加活动、游行和会议。我们随时随地等待你的参与。想要建立起有组织的、志同道合的社交群体:你需要搭建你的在线社交网络,在现实生活中交朋友。一旦你开始做出以下尝试,那么新朋友和新伙伴们就会接踵而至。

搭建你的在线社交网络

  我第一次在公开的社交网络平台上发布的关于"低废弃"生活的照片,是一堆开市客(Costco)的杂物照,它们都是一些包装过度的物品,当我尝试"零废弃"生活转变后,我能够对那些浪费行为看得更轻。我怎么会没有注意到这么多年来,我每次购物都带回家那么多垃圾呢?消费者购买产品不是为了包装。因此,在我决定做出改变之前,我用社交媒体记录了我"改变之前"的照片。我决心随着时间的推移变得更加环保。

  创建这个网络账号竟改变了我的生活。我当时根本没有意识到,在社交媒体上分享我的可持续生活方式会产生如此大的影响,也不知道它将会引导我成为一名企业家。最初，我所做的一切都在摸索学习当中，也没有人关注我的账号，所以我还是建议你不要着急创建自己的博客，先在网络上加入社交群，找到志同道合的伙伴。如果你是那种更喜欢宠物而不是出门社交的人，网络社交群体尤其适合你。我两者都喜欢，以我的个人经验来看，网络社交群体会丰富我现实生活中的朋友圈，反之亦然。以下是一些有助于你搭建自己的网络社交平台结交网友（甚至是现实生活中的朋友）的方法：

加入 Facebook 群组： 如果你已经有了 Facebook 账号，只需要进行几次快速搜索并轻点几下鼠标，就会像变魔术一样出现各种各样让你兴奋的主题群组。如果你想有一天能和网络认识的伙伴线下见面，那你就主要查找当地的社交群组。如果你只是想保持在线交流，你的搜索就不需要特别注意地理位置，或者，两种群组都加入！从本地实际出发去了解像"低废弃"生活这样的话题是很有意义的（例如，你可能会发现附近的屋顶花园将接受你的蔬菜渣作为其堆肥箱，或者了解到关于无家可归人士在冬天需要暖和外套的衣物捐赠活动）。同时，通过向他人学习了解到世界其他地方正在发生的事情也是很值得的。你可以估测自己现在正在做的事情是否跟上了全球的时代背景，并获知我们的行为如何在世界其他地方产生影响。（例如，我们捐赠的衣服最终会出现在非洲的二手市场上）以下是一些你可能感兴趣的群组以及联络方式：

零购物（Buy Nothing）群组：这些群组隶属于大型群组，你可以加入当地的分群。该群组的网址是：www.buynothingproject.com.如果你想通过Facebook搜索加入群组，可以直接输入关键词。你可以搜索城市名＋"零废弃"，例如"多伦多零废弃"，你就可以在Facebook上找到名为"多伦多零废弃"的群组了。你可能使用的其他关键词包括"低废弃""低冲击""可持续""交换""互换""免费物品""修理咖啡馆"①等。只需要在搜索栏中输入自己的喜好，就会有更多发现！

创建一个专门用于新生活方式的公社交媒体账户：我从Instagram账户开始，因为我很喜欢这个平台。在Instagram上，我可以看到其他选择可持续生活方式的人是怎样生活的，我一方面从他们那里获取经验，另一方面也分享着自己的经历。作为一名视觉学习者，照片与视频能够让我更直观地学习到并尝试复制其

---

① "修理咖啡馆"是风行欧洲的新形态咖啡馆。每周一次会在固定时间邀志愿修理师傅为咖啡馆"驻站"。客人带东西给师傅修，也可以坐在一旁学习并帮忙修理。如今全球已有约400间"修理咖啡馆"。

他人共享的生活技巧。同时,我也从 Instagram 平台上结识了许多现实生活中的朋友。一开始,我们评论对方的帖子,后来观点相合就逐渐转到私信聊天。如果你愿意,你也可以拥有自己的公开账号!公开并不意味着你需要透露自己的身份,你也可以选择匿名。我记得刚注册的第一年,我也没有在账号上分享过我的全名和个人照片。公开账号也可以很私人,这取决于你想要向大众公开的程度。

读博客并开始写博客: 在开始运营自己的公开社交账号之前,甚至远在创立博客"零废弃小站"(The Zero Waste Collective)之前,我就一直在阅读其他人的博客!网上有很多优质的信息(尽管也有很多垃圾信息——检查消息来源总是好的)。通过阅读博客,我可以学习如何更可持续地生活,并从不同的文化、不同的生活方式和不同的地域中获得灵感。阅读评论,留言评论,然后,有兴趣的话,就可以自己动笔写了。你可以写在自己的博客上,也可以借助别人的博客平台。随着时间的推移,一些群组就会随之而来。Treehugger 和 mindbodygreen(在 Planet 类别下查找),是两个较大的在线博客平台,可以供你开始阅读,之后你再慢慢查找本地的或者是符合个人兴趣的其他博客平台。

联系专家并寻找导师: 无论是某个领域的专家(比如科学家

或新闻记者)还是某一特定主题的博客作者,都可以联系他们来帮助扩展你的社交圈并拓宽你的知识面。你可以通过观看纪录片、阅读新闻和其他书籍、参加会议和社交活动,甚至是通过在社交媒体上了解详情、观看 YouTube 视频或在谷歌上搜索与"废弃物和可持续性"相关的话题,来联系这些领域的专家们。你会发现,其实有很多人很乐意接受这种邀请,对谈论与自己专业相关的话题充满热情。你也可以与你所在的城市机构合作,安排一位你敬重的学者在数字社区活动或者是在线会议上发表演讲。我所认识的一些专家已经因此进入了我的社交圈,甚至成为我现实生活中的朋友。

我依然清晰地记得第一次与我的"零废弃"生活网友们在现实生活中见面的情景。当时大约有 20 个人在多伦多市中心的一家餐厅聚会。我住在圭尔夫,离多伦多有段距离,我早早下班,开车到火车站,搭乘了前往多伦多的火车,之后坐地铁到达餐厅附近的一个主岔路口,最后再步行到达目的地——餐厅。单程花费一个半小时,所幸我还是及时到达,赶上了晚餐聚会!当时的我既紧张又激动,我其实已经通过 Instagram 上的照片认识了他们每一个人,却一时记不起他们的真实姓名了,只能通过用户名来识别他们!我并不是唯一出现这种情况的人,大家都花了一些时间才真正熟悉彼此。我们在享用美食的同时相互交流，愉快地谈笑着，大家在网上结识的经历好像是老天安排的缘分一样，事实也的确是如此！我们都为这个美妙的夜晚感到兴奋，我们当中的许多人至今都还保持着密切联系。

在现实生活中交朋友

当我到自己常去的"低废弃"杂货店购物时，我会熟练地直呼其名地跟员工们打招呼："嘿，雷恩！你能帮我称下这个罐子吗？非常感谢！"这使得我的购物体验更加愉快，打招呼、聊天、讨论库存，于我而言，清晰地了解本地的商店，结识员工是扩大我的绿色社交群的一部分。

也正是通过这个社交网络，我有机会了解到有趣的活动，并在我的社交媒体账户上分享本地信息。自从开始尝试可持续生活，我就加入了本地的废弃物管理公共联络委员会，充分地了解了当地的废弃物管理系统。我感到自己是个"圈内人"了，我搜集的信息足以让我解答其他人的问题，并在所在的城市有了参与感，这种融入当地的归属感给予了我很多力量。以下是建立现实生活中的"低废弃"社交群的一些建议：

义工服务： 做义工可以成为低废生活方式的重要组成部分，因为它让你有机会直接行动并直观地看到自己的劳动成果。这也是结交新朋友的好方法。你可以与当地政府、非营利组织或学校俱乐部等组织一起做义工。义工服务可以是一次性的，例如海滩清理，在修理咖啡馆提供帮助或代表组织参加活动并做分享；义工服务也可以是周期性的，例如每月一次的委员会会议，定期到当地图书馆做查找和录入的志愿者，或者是每周在附近社区花园帮忙。志愿者服务选择多样，总有适合你需求、兴趣或者日程安排的活动。找到一个对你来说最重要的事，做好充分的调研然后投入到社区服务中去。这是结交新朋友并一起度过美好时光的绝佳方式！

加入俱乐部： 主动加入任何一个关注"可持续"的本地俱乐部或学校。在那里，你将有机会参加炫酷的项目，认识新朋友，学习新知识，并以一种有成效和有益的方式扩大你对社区的感知。

在公司或学校里组建一个绿色团队： 当我还在一个大约有25人的小公司工作时，我就组建了一个绿色团队。无论工作场所有多少人，你可以努力让每个人都知道你正在启动一个绿色团队，壮大团队、拓展大家的环保认知，在公司和当地社区产生积极影响。只要确保首先得到主管的批准。然后，你可以通过发送电子邮件或网络社交平台分享这个消息并邀请其他人加入。你的绿色倡议可以是正式的（定期组织会议和正式活动，有会议记录），也可以是非正式的（以休闲聚会和偶尔的活动为主）。最重要的是，要乐在其中！我们的绿色团队组织的每一次环保活动都令人骄傲，虽然我最喜欢的还是活动结束清理完垃圾以后大家一起吃比萨的环节，听起来还不错吧？

支持本地购物： 从大型购物店转向你所在地区的个体经营店铺，不仅是支持本地经济的好方法，也是提高社区归属感的好方式。当你在本地的小店和农贸市场购物时，你能定期见到熟悉的面孔，一来二去就和本地的居民熟络起来了。这很令人耳目一新，并有助于形成归属感，还可以让你了解更多社区的其他信息（如可持续性活动）。支持本地购物也有助于我们减少浪费，因为个体经营的店铺往往能更灵活地响应新趋势，例如，提供补充计划并允许使用自带的可循环使用的容器和袋子。大型连锁店可能在更新"低废弃"管理方面有更多的繁文缛节。

参加社区活动： 参加各种活动很有趣，但你通常可以通过义工帮助使社区公共活动变得更少废弃化和更可持续化。利用你的热情和兴趣，提出"低废弃"活动的创意，例如节日聚会、音乐会、户外电影晚会、艺术展览、流行集会以及宗教聚会。

参加环保会议和贸易展会： 可持续生活的会议是学习和建立人际关系的好地方，而可持续性贸易展则提供类似的机会，只是更强调推广行业的产品和服务。我都喜欢！在各种有关绿色环保生活的会议和贸易展中，我从优秀的演讲嘉宾那里学到了很多（甚至自己也成了一个演讲者），认识了新朋友，并发现了真正创新且前途光明的企业。

参加气候和可持续环保游行： 有时候游行可能会让我感到有些不适（但我仍然会去参加），但它们是社交、传播环保意识、学习新知识、结交新朋友以及对政府施加压力以实现改变的绝佳方式。www.globalclimatestrike.net 是一个绝佳的展示气候相关活动的平台，尽管它与"零废弃"并不直接相关，但是气候和废弃物之间存在着深刻的联系，废弃物的处理直接影响了气候的变化。例如，在垃圾填埋场分解的有机材料会产生甲烷气体，这种气体是地球气候变暖的罪魁祸首。

积极参与公民事务： 从投票到参加公开会议，积极发挥你作为当地委员会一员的权利。你将会遇到其他积极参与政府决策制定的人，包括市政工作人员、选定官员和其他参与公民。当你以这种身份参与时，你可以通过官方渠道表达自己的声音。在地方政府网站上，你可以找到关于公民活动、委员会和其他项目的信息。如果找不到你想要的信息，请直接给市政府打电话咨询。

我有在地方政府和省级政府工作的经历。我很费解：有很多人对他们的社区充满强烈的意见却无心为之，只能抱怨。我常常见到的就是那几张熟悉的脸孔，听到的就是那几个人的发言，查阅的也还是那几个人的邮件。我知道还有许多人持有不同的观点和有益的想法，但是每当有一些涉及政府决策的问题时，群众的代表性声音还是太少了。

我理解，参加政府会议可能会非常无趣。政策和立法听证会听起来确实不太有趣（至少和金·卡戴珊穿什么比起来没那么八卦），但是政府也是通过这些了解到民意，使得温室气体排放和垃圾量稳定到了今天的水平，这些不同形式的市民会议有助于减少环境污染。虽然对地球环境产生的积极影响并不总能像照片里呈现的那样光鲜亮丽。除了大肆报道莱昂纳多·迪卡普里奥和格蕾塔·桑伯格在谈论气候变化以外，群众需要向政府施加必要的压力，以实现我们想看到的实际变化。

我的意思是，一定要积极参与其中。如果你想参加气候游行，那很好，那些也很重要。但是与此同时，请用你的声音（分享你的观点）、你的参与（参加会议）、你的话语权（发送电子邮件）和你的投票权（年满法定年龄后）来影响立法和政策的方向，以实现更可持续、更洁净的未来!

你对社区的贡献方式将取决于你的性格、你的空余时间以及你可以提供的技能。在你的可持续生活方式之旅中,有许多方式能让你找到网络上或是现实生活中的伙伴,积极参与其中并保持强烈的社群意识。拥有这种社群可以帮助你保持热情,监督自我,同时也令你所做的一切更加有趣。

反思与核查清单

你的好朋友和家人可能赞同或不赞同你的可持续生活方式变化。这没关系,他们不必成为你一切可持续生活话题的倾听者。我得出这个教训是因为有一天我的丈夫忍耐很久之后终于对我说:"我们可以谈点'零废弃'之外的话题吗?"我很难受,虽然我知道他并不是说以后都不能谈论"零废弃"生活了,他只是想要再和我聊一些可持续性和零废弃生活之外的话题。他不过分,他只是在说实话。确实,他本不应该是我那些话题的唯一出口,他也会感到疲惫。尽管我丈夫支持我在家里进行可持续生活方式的改变,但他并没有像我一样那么强烈的热情。

如果你的朋友和家人没有与你相同的热情,请尽量不要让他们感到疲累。你可以借鉴第八章中介绍的一些策略,无论如何,获取家人朋友的支持是非常重要的。如果他们实在无法产生兴趣,那么请给你的朋友和家人一些喘息的空间。可以在网络上或者是现实生活中寻找到一些志同道合的伙伴,和你一同分享有关"低废弃"生活的新发现。以下是一些简单的找寻新社群的方式:

○ 通过社交媒体认识线上线下的新朋友
○ 开设自己的公共社交媒体账户或博客,记录、分享自己的知识和经验
○ 与专家和导师建立联系
○ 在社区中做志愿者
○ 支持本地企业
○ 参加并协助组织活动
○ 成为一名积极参与政府决策的公民

· 第十章 ·
钱很重要
打破"零废弃生活方式会让你破产"的谣言

禁忌话题

金钱话题一直是我原生家庭的禁忌话题。我的父亲是个飞行员，他的收入是整个家庭的主要经济来源，我母亲作为全职家庭主妇负责照顾我们姐妹俩。我曾在中东地区生活了很多年，那是一段独特又令人兴奋的成长经历。我的父母都来自工薪家庭，在20世纪80年代末我父亲找到工作之前，家里生活拮据。由于年纪尚小，我已经完全不记得我们搬到中东之前的生活是什么样子了，那时我们住在加拿大北部一个相对偏远的小镇——蒂明斯，我所知道的它唯一的出名之处就是它是乡村歌手仙妮亚·唐恩的故乡。

虽然在我的家庭里不允许谈论父亲的薪水问题，但从我记事开始，家里好像也没有过缺钱的问题。节日期间总是有很多礼物和食物，而且我的父母为我支付了大学的学费（支付了两次，包括房租和学杂费）。坦白地说，分享这些让我感到非常不舒服，因为并不是所有的人都能有这样的经历，这其实也是一种特权。我知道现在很多大学生都是带着一堆助学贷款毕业的。我的父母没有什么背景，他们没有上过大学，他们的祖辈也没有上过大学，正因为如此，两个女儿都是大学毕业生对他们而言是一件无比自豪的事情。我非常感激他们给予了我受教育的机会，并让我在毕业初始进入社会工作时就没有债务负担。

然而问题在于我没有学会如何管理金钱，只学会了如何花钱！其实我偶尔还是会谈论一下退休、存钱的事情，但说实话，哪个二十出头的年轻人，会提前几十年考虑退休的问题呢？至少对当时的我来说，这不是最优先考虑的事项。当然，我父母肯定和我提过财务和储蓄的问题，但是我早已记不清了，购物与花钱才是我的兴趣。只是我没有意识到，我那时主要的经济来源还是父母资助。

尽管我很早就开始打工，14岁开始兼职做保姆，16岁时找到了一份在高档食品杂货店做沙拉和切水果的工作，我确实拿到了工资，但是也很快花掉了。我的这种花钱如流水的习惯曾让我两次破产，以至于我高中毕业和上大学之前那段时间的新西兰之旅被缩短了五个月。第一次破产后我贷款并找父母借了一些钱，第二次破产后我直接身无分文。这真是我的错吗？我的意思是，难道不是因为新西兰太好玩了吗？从蹦极到跳伞再到帆船冲浪和派对，我可以一直玩下去。我在新西兰有工作签，可以打零工挣钱，即便如此，我仍然不能平衡收入与支出，只能提前结束原计划一年的旅行。虽然我很庆幸在成长和读书期间不必为钱的事担心，但金钱仍然让我感到压力,因为它似乎总是不够用。真正的问题是什么呢?归根结底,还是我没有处理好收入与支出,像政府财政那样,我无法平衡预算。

直到我搬进男友(现在的丈夫)家时,我才发现我们的消费习惯完全不同。我是月光族,而丈夫则勤奋地做预算,存下他赚的钱,并尽快还清所有债务。很少人大学毕业的时候就还清了助学贷款,这是因为他们自己支付学费(也许从父母那里得到了一些赞助),但我丈夫就是那些神奇的稀有人士之一(独角兽一般的存在)。多么负责任的家伙啊!相比之下,我这种花钱大手大脚的人是有点烦人。

我的丈夫在一个舒适又充满爱的环境中长大,他的基本需求都得到了满足。但如果还有任何额外的需求,他就得找工作自己支付,但他确实也做到了。比如,父母会给他 50 美元买鞋子(基本需求),但是如果他想买更贵的品牌(额外需求),他就必须自己负担差价。这些都是他从父母那里学到的理财经验。在我眼里,他简直是个理财专家。可以说,我们童年和青少年时期的金钱观差异是婚后我们在每月食品开支上产生争论的原因之一。

是的,食品。所以谁能想到我俩最大的分歧会是每个月在食品上的开支呢?比如,当我想买贵品牌的奶酪和包装精美的饼干时，他就会化身为黛比·唐纳①，他不注重食品的牌子并爱好搜集优惠券。我花了一些时间来适应我们家新的食品购物预算，但我当时没有意识到，这种新的生活方式会为未来的那个更具有消费责任感的我打下基础。现在的我比以前更注重储蓄和投资，我相信是因为我变得成熟了，但更多是因为我从丈夫身上学习到了很多东西。认识到这个知识盲区后，我已经开始进行自己的理财学习之旅——理财专家，我来啦！

终于要讲到重点了。我已经在博客上写了很久有关"低废弃"和"可持续"的文章，可能很多人都以为"轻质生活"的成本昂贵，普通人难以支付。这种有点局限的观念竟如此普遍，以至于有些人为了省钱，在有意识地拖延实施"轻质生活"。现在我必须驳斥下这个荒谬的谣言："低废弃"的生活可以很昂贵，但是这取决于你自己的决定。"如果你能够处理好，你可以决定你的可持续生活不那么昂贵，更加经济实惠。如何做到这一点呢？你只需意识到自己是有选择的，并学习了解自己的选择，以便找到最佳的前进路径。比如，并不是每个人都需要购买可重复使用的金属

---

①黛比·唐纳（Debbie Downer）是一个由蒂娜·菲饰演的卡通人物，首次在《周六夜现场》电视节目中出现。她通常会以一种非常悲观和消极的心态，对周围的事情发表令人沮丧的评论和预测。黛比·唐纳在2004年成为了一个非常流行的网络迷因，在社交媒体上广泛流传。

吸管才能实现可持续性生活。如果可以的话，直接不使用吸管，你就可以省钱啦！众所周知，塑料吸管在某些情况下是必需的，因为使用方便，如果是这种情况，请继续使用塑料吸管。

如果你能够按照本书的指导来安排自己的轻质生活的话，你的消费应该会比以前少得多。当然，除非你花钱如流水，可即便那样，请从这个月开始控制下你大手大脚的习惯吧。无论你选择哪种生活方式，下面我简单介绍一些方法：寻找省钱的方法；为大额花销储蓄；"真正行动起来"。本月就像是一个金钱思维训练营。准备好，开始吧！

寻找省钱的方法

社交媒体、博客文章和新闻上有很多漂亮的照片，展示了美好的"零废弃"套装：不锈钢吸管、竹餐具、保温时尚的咖啡杯、漂亮的水杯、可爱的有机棉网袋以及成套的玻璃广口罐。你可能也会在我本人的网页和社交媒体上看到这些。这些生活物品都很实用，如果你也想用它们来开启你的"低废弃"生活，那就赶紧购入吧！如果它们还可以让那些沉迷于一次性塑料制品的人改变心意，那我就更支持了。我必须承认，我个人很喜欢外观漂亮的可重复使用水瓶。但是，一个配备闪亮铃铛和口哨的完整可持续套包可能会花费很多钱。

问题在于，虽然这些物品因为"零废弃"运动的推广成为网红产品，但并不意味着如果要开始可持续生活就必须购买它们，可持续生活也不要求你外出就餐的时候一定要带上竹质餐具，去农贸市场购物的时候一定要带有机棉布购物袋。这不但不是节约反而是浪费。所有可以重复使用的物品都很棒！它们不必闪闪发光、全新无瑕或奢贵华丽。你可以先使用你手边的物品。如果你觉得自己仍然需要（或想要）一些物品来帮助你组建理想的"零废弃"套装，那么你也要在考虑预算的情况下，尽量找到最优惠的方式：寻找免费品，购买二手品，尝试以物换物。以下是一些你可能已经在家里拥有的可以用于你的"零废弃"套装中的物品：

- 餐具
- 手提袋
- 餐巾
- 旅行杯
- 可重复使用的水杯
- 保鲜盒

"轻质生活"不仅在于一个"零废弃"套装，它还涉及如何成为一个理性的消费者，这是我们在第三章中探讨过的概念。它也涉及到如何减少整体性的消费，包括节省资源和金钱。你可以自己带购物袋和可以反复使用的容器去当地的商店购物，这当然很好，但并不是每个人都有机会这样购物。除了购物以外，其实还有很多不涉及购物的其他减少浪费的方法。

其实这就是关键：少购物！这是一种替代方案：尽量减少购物，当你确实需要购物时，选择更好、更少、使用时间长并可以重复使用的东西。你还可以找找高质量的二手品或免费品。基本上所有的全新品，从你把它带回家的那刻起就开始贬值了（购买全新车辆就是这类立刻贬值的典型）。这意味着，如果有人购买后马上出手，车的价格也比全新购买时便宜得多。我自己在第一份工作开始后不久就购买了第一辆汽车，当时我准备花3万美元购置一台高档新车。我的丈夫，一位理财达人，提醒我这需要还很多贷款，况且汽车还会贬值。虽然我肯定会被所有新车标配（如加热座椅）所吸引，但我还是找到了一辆我想要的福特二手车，只使用过一年，才花费2万美元！在随后的圣诞节里，我的丈夫为我的二手车驾驶座添加了加热功能，这样每个冬天我的驾驶座都是暖暖的。八年过去了，我还在开这辆车，我很庆幸自己没有多花那1万美元，自己才能够很快还完车贷，现在在汽车这一项上，我是无债状态。

除了购买之外，你还可以租赁或借用你需要的东西（包括汽车）。另一个略微与主流相悖的选择是：除了必需品（即食品和私人肥皂），不购买任何非必需品。我们将在下一章中深入探讨这个问题：零购物月。你会发现，环境友好型的生活方式不必付出昂贵的金钱。现在，我们来快速回顾下如何在低浪费生活中节省金钱的方法（这些方法是本书中反复出现过的主题）：

- 使用你已经拥有的物品（比如"零废弃"套装中的物品）
- 尝试修复而不是丢掉再买新的（比如你认为坏了的烤箱）
- 寻找免费物品（比如家具）
- 借用而不是购买（比如特殊工具）
- 租赁而不是购买（比如地毯清洁机）
- 以物换物（比如玩具）
- 购买二手物品（比如衣服）
- 注重质量而不是数量（所有东西）

为大额花销储蓄

我们生活在一个速成时代。人们不再像以前那样攒钱几周、几个月，甚至几年才能买到他们想要购买的物品。那是我们祖辈所做的事情，他们别无选择。与之相反的是，我们现在靠信用卡消费，网上购物，然后所有心仪的东西第二天就能送到家门口。

你甚至可以分期付款购买衣服！这着实有点疯狂。问题在哪里？它让我们一直处于"破产"的状态并且还要支付利息，债务还在不断累积。这里有一条简单的规则需要遵循：如果你现在没有现金，非必要的情况下，不要使用信用卡——只在紧急情况下使用。使用信用卡来建立你的信用评分，并确保你每个月可以偿还你的信用卡账单以及所有其他账单。如果目前无法还清，那你就要考虑限制消费，开始为一些事情（无论大小）或者旅行（无论远近）存款了。这并不那么有趣，也很少有人会在这时来鼓励你（我建议你多给自己鼓励，因为这是一件了不起的事情），这将会为你减轻很多压力。

在存钱这件事上，大额花销似乎是一个很难达成的挑战。当我和丈夫订婚后，才意识到后面的婚礼会是一笔很大的花销，我们为此倾注了全部心血，邀请了130名客人，准备了完整的三菜式套餐和无限畅饮。所幸从订婚的第一天开始，我们就开始为婚礼做预算，到确定婚礼日期，共历时18个月。现在回想起来，虽然我们的父母都慷慨地为账单贡献了很多，但我们仍然需要自己存很多钱。我们需要从每个月的工资里拿出一部分钱存起来，在不贷款的情况下足以支付婚礼的费用。我和丈夫甚至特意开了一个共有账户以确保我们确实是在存钱。这是我的想法吗？当然不是！我这种花钱大手大脚的人，那时的反应是："哈哈，我们真的要这样做吗？"很显然，我们确实需要这样做，我很庆幸我们存钱了。存钱需要谨慎规划，但真的很有效。不必心急，一步一步来，以下是一些可以尝试的为大额开销存钱的方法：

预算好总的费用： 在购物前、旅行前，规划并计算好总的费用。考虑到所有涉及的成本，尤其是如果它是需要配件或保险的物品。如果是去旅行，可能会有更多要考虑的成本，例如交通、住宿和食品。

确定达成目标： 定好（购物或旅行等大额消费的）准确日期。无论是你想要购买新冰箱的日期还是前往摩洛哥远途旅行的日期，请确定好一个日期。这样你就能算出来，从现在起，你有多长时间存钱。

做好计算： 先根据上面提到的需要存钱的具体天数（从做决定那天到实践计划的那天），计算出要经历几个发薪日，再用预算出的总费用除以发薪日数量，你就可以得到每个发薪日需要存储的具体金额。

确保一切都在预算中： 当你做好了计算，那么请确保一切金额都在预算中。假设你的储蓄目标是 100 美元，并且你需要在 4 周内存到这个金额。那么在接下来的 4 周里，你们要从各自的薪水中拿出 50 美元以达成目标。如果任何一方存不够这 50 美元，请考虑重新审视总花费（也许你可以更改物品或旅行中的某些东西）或最后期限（将购买日期或旅行日期向后移）。

掌握你的财务状况：如果你觉得以上几条都无法提前确定，或者如果你当前的债务似乎已经失去了控制，那么现在是回归现实的时候了。图书馆和网络上有许多有价值的免费信息可以帮助你使财务状况有序！如有必要，你可以与擅长理财的朋友、家人多交流，或者是寻求专业的建议。就像成为奥运选手需要训练一样，成为理财达人也需要训练。我坚信，理财培训会给你未来的生活带来巨大的回报，并且可以给予你更多的投资机会（下面会有更多介绍）。

创建应急基金：如果你随时准备好信用卡以备不时之需（计划外的大额花销），那么请至少准备好 1000 美元的备用资金，非必要时刻坚决不动用这笔钱。这样你才能避免依赖信用卡。像前面提到的那样，不必着急，一步一步来，掌握方法，你肯定可以存够 1000 美元，这是财务大师戴夫·拉姆齐推荐的应急基金金额。如果你可以存到更多的应急基金（我将在下文中分享我的个人经历），那就更好了！但无论如何，1000 美元已经是个很好的开始了！

为大额开销储蓄是一种老派的做法，现在需要重新流行起来，它有利于我们减少消费并改善财务状况。当然，信用卡公司肯定不希望我们发现这一点。那么这种储蓄方式和可持续生活有什么关系呢？我经常建议，要更重视质量而非数量，质量好的产品可能更昂贵，但它们工艺更佳、更耐用，并且生产方式更加环保、更可持续（但并不总是如此）。

　　储蓄是一种技能，理财是一种才能。只是学校和家庭都常常忽视了这一方面的教育。通过拓展学习、制定预算、储蓄和投资来锻炼你的理财能力。这将有助于你摆脱消费陷阱并掌控你的财务。最终，你会达到一个境界，在和朋友一起购物时，你可以自信地说："我把钱放在退休账户里，而不是花200美元买那件只穿一次的金色亮片连衣裙！"

"真正行动起来"

　　我一直受到已故亿万富翁、户外装备和服装公司北面（The North Face）公司创始人道格·汤普金斯的故事的启发。作为一个户外运动爱好者，他购买了智利大片土地，专门用于自然保护。他的遗孀克里斯汀·麦克迪维特·汤普金斯后来捐赠了408,000

公顷（约 100 万英亩）的土地给智利政府，创建了一个由 17 个国家级公园组成的环保网络，为当地提供教育和就业机会。克里斯汀通过他们的非营利组织"汤普金斯保护协会"延续着这种具有领袖力的环保遗产。可以说他们真正行动起来了，把钱花在了值得做的事情上！

即使没有金钱支持，我们也能积极为环境保护发声。我们可以向周围的人们宣传环保问题，参加气候游行，减少消费和浪费，投票支持具有强烈环保意识的政治领袖，参与公民事务，写信给大企业，等等。但是，我们对这些活动的结果控制是有限的。比如说，我们可以投票给能代表我们价值观的政治领袖，但他们不一定能被选上。我们真正能控制的还是自己的行动。我们可以出资来选择支持自己理想的生活环境。我认为购买环保型和具有可持续性的产品就是一种很好的方式。当然除此之外还有很多可以直接产生正面影响的方法，比如通过捐款支持重要的自然保护事业。这也是在为地球的未来进行投资。

虽然我们并非道格和克里斯汀·汤普金斯那样的亿万富翁，但我们仍然可以给予一些重要的环保事务一些金钱支持。可以从今天开始！选择一个你想支持的项目或组织，并捐赠一部分资金；如果可以的话，让它成为你的"每月一善"。随着你收入的增加，捐赠也可以随之增加！即使每次只是十美元，你也将直接参与保护地球。

反思与核查清单

"轻质生活"的核心在于根据你的预算、可用资源、个人情况和生活目标来减少浪费的产生。这并不是为了刻意追求"零废弃"的生活方式，也不一定需要花费大量的金钱。除非你真的需要，你其实不必购买所有高级的可重复使用产品或在专门的散货食品店购物。你是最了解自己的人，所以要根据自己的实际情况做出正确判断。你可以很节俭，也可以花钱支持重要的环保事业（像道格和克里斯汀·汤普金斯那样）。不必为你能力范围内的捐赠金额感到担忧。无论你是捐 10 美元还是捐 10,000 美元，都很重要。以下是本章有关"有意识的理财思维训练"的内容总结：

○ **找到"低废弃"生活方式中的省钱法。**首先，使用你已经拥有的物品；然后，尝试与朋友和邻居们进行物品交换；

再次，购买质量好的二手产品

○ **为大额花销储蓄。**不要沉迷于信用卡的即时消费所带来的满足感，从而陷入消费陷阱。同时，要花时间学习理财知识

○ **为你所支持的环保事业做出实际的行动。**如果你的预算实在紧张，请从力所能及的金额开始，5美元或者10美元都可以

第十一章
零购物月

比你想象中更容易实现

人生只有一次

在我人生的很长一段时间里，我都是一个花钱大手大脚的人。如果十年前有人向我挑战，要求我坚持一整个月，除了必需品外，不"额外"花费一分钱，那我肯定会笑得在地上打滚说："不可能。"毕竟，我曾经是一个狂热而执着的消费主义者。我的那些"额外"的钱，都花在了买衣服、外出用餐、看电影、听音乐会、和朋友一起去酒吧、健身房会员上面。我为什么要放弃所有这些？当我想要做出改变的时候，才发现习惯已经很难改变。所以我无法想象当时沉浸在"人生只有一次"的消费享乐主义之中的我，做出改变是多么困难！当时的我的想法很简单——人生只有一次！所以理所当然地认为这些消费都是合理的，这是最好的生活！

快进到现在的我，一个对财务更有责任心的塔拉，"零购物月"的实践已经变得轻而易举！近年来，我对消费更加谨慎，但在2019年节假日前夕，我仍然花费了比预算中更多的钱，所以我决定在2020年1月份尝试实践我的第一个"零购物月"。我曾经在各种极简主义博客上读到过其他人尝试零购物挑战的文章，其中最让我印象深刻的是凯特·弗兰德斯的书《不消费的一年》，凯特在书中记录了她一年零购物的经历，整整一年！

而我只是建议你试试一个月的"零购物"！无论如何，"零购物月"只是一个挑战，在这个挑战中，你一整个月都不可以购买某些特定类别的商品（比如衣服或家居装饰）。凯特成功偿还近 30,000 美元债务的事迹让我惊讶地认识到，我们可以控制自己的消费习惯，在减少生活物品的过程中同时减少浪费（就像我们在第二章关于极简主义的章节中已经详细探讨过的那样）。

财务方面，我有点迷糊，1 月份似乎是戒掉花钱如流水这个坏习惯的最佳时段。当然，还贷和购买食品这样的重要情况除外。我受到启发去尝试"零购物月"的挑战是为了存钱和减少消费，继而减少浪费。我知道，这对我来说将是一个全新的，与以往完全不同的消费模式。它还有助于我在"零购物月"之外也能更轻质地生活。这是把极简主义提升到了新的高度！

"零购物月"给了我们放慢步伐、摆脱消费陷阱、进行自我评估的机会。这是一个让我们以一张白纸重新开始的机会。在这个过程中，我们自己掌控局面（比如花更多的时间来购物或者完全不购物），而不是屈服于社会规则和营销手段。这也同样是一个让我们变得更有创造力、更少追求物质主义的机会，学会关注生活中的其他美好，如与亲人共度时光，而不只是网上购物。

我希望这个挑战带给我的成就感远大于失落感。会有很困难的时刻吗？当然有！1月份通常是销售行业的淡季，因为大部分人还在偿还节假日的信用卡账单。因此，你经常会发现商品在打折，这就很容易被购物诱惑，但我坚持了自己的立场。你可能还会有类似的体验：突发情况，特价的促销，或者你的朋友邀请你去喝一杯或一起购物。这些都是要拒绝的艰难时刻，但你要牢记，"零购物月"的好处和你选择挑战"零购物月"的初衷。

在你着手计划自己的"零购物月"之前，还有一点很重要：那就是要明白，这个挑战并不是在限制自己。它是帮助你更好地掌控生活，而不是机械地活着。如果你怀疑它是否值得你花费时间精力去实践，你就想想其实一个月很快就过去了。如果你喜欢自己所做出的改变，你可以把时间再延长一点，或者再多加几个月；如果你真的想做出一个大的改变的话，你甚至可以尝试下一整年的"零购物"！

偿还贷款或为大额花销（例如房屋首付款）储蓄都是进行整年"零购物"的完美理由。我建议先从"零购物月"开始，因为研究表明，养成一个新习惯最少需要三周时间。将注意力集中在一整个月的减少支出上，是让这个挑战推动你的生活变得更好的完美时机。但如果你想放慢实践的节奏，你也可以从"零购物周"开始尝试。随着你旧习惯的逐渐改变，你会越来越适应自己所作出的其他改变，这时候，你就可以考虑延长你的挑战时间了——如果你想的话。在规划和实际执行挑战时，我们要尽量保持简单。以下是你需要做的事情：明确你的动机，制定规则，开始行动并记录下来，然后从中学习，就是这样！

明确你的动机

上一章"钱很重要"希望唤起你的理财意识，为"零购物月"挑战做好准备。你对目前资金状况的反思和审视应该让你振奋精神控制开支。最终，你是否能成功完成挑战，取决于你坚持下去的动力。当我回想起我的第一个"零购物月"时，我百分之百投入其中。那是因为我首先非常清楚我为什么要接受这个挑战。

当你真正决定要精简你的月购物清单时，还是花时间坐下来好好想一想为什么要做出这种改变。我决定接受这项挑战是因为我想要评估一下我的消费习惯，减少浪费，探索极简主义并且成为一个更理性的消费者。你可能也有类似的想法，但是得先明确自己的动机。你可以在接受零购物挑战、开启轻质生活之前反复考虑，没有标准答案，也没有具体哪几个原因。如果需要想的话，你可以将以下问题的答案写下来：

- 我为什么想要挑战"零购物月（周/年）"？
- 我期望得到哪些具体的收获？（偿还一定数额的债务、培养一种新的习惯、为大额花销储蓄等）
- 接受这个挑战是否还能帮助我实现其他相关的意愿？（也许是停止外出就餐、学会理财、做到断舍离等）

这是我开始"零购物月"挑战之前的一些想法：
- 热爱并使用我已经拥有的东西
- 更深入地探索极简主义
- 明确我真正需要什么
- 储蓄并养成更好的预算和消费习惯

制定规则

主动挑战"零购物月"的最大好处是我可以自己制定规则。这可能也是为什么这个挑战看起来如此合理的原因之一，在这一个月里，我没有觉得自己被束缚了，我有很大的自主权。所以你也不必束缚自己，这些规则会使你的挑战更有效。

首先，了解你目前的财务状况。也许在阅读了上一章的内容之后你已经审视过了自己的财务状况，但如果还没有，现在就是最好的时机。无论你是全力以赴地创建了过去几个月收支明细表，还是选择简单地浏览你最常见的（和不必要的）购物项目，这一切都取决于你。

首先列出你仍需继续支付的必要花销（如房租/房屋按揭贷款、账单、食品、洗漱用品等）。然后列出一些规则：包括哪些物品是禁止购买的（如服装、鞋子、化妆品、家居装饰、工具、爱好类装备等）。我的列表大致如下：

· 禁止购买的物品（包括衣服、书籍、家居装饰和其他家庭用品）

· 可以支出的必要开销（生活必需品，如家庭账单、食品、洗漱用品、业务开支）

· 我仍然会经验性购物并偶尔外出就餐。

· 寻找免费的替代品，例如：

根据需要去图书馆和工具库

寻找可以免费参加的活动（我喜欢徒步旅行和游戏夜）

组织百乐餐聚会①

---

①百乐餐聚会：每人自带一个菜的家庭聚会。

根据我自己制定的规则，我成功地完成了这个月的挑战。我完全没有额外消费（除了食品），只外出就餐了几次。虽然我可以将外出就餐从我的可支出清单中删除，但是我没有那么做，因为我的主要目的是一个月内停止购买"有形"的物品，而不是百分百限制我的购物体验。尽管如此，我还是决定减少付费行为，尽可能专注于免费的活动。所以我增加了一些林中徒步和百乐餐活动。

需要的话，请随意参考以上内容来制定你自己的规则。或者你可以根据自己的情况，制定一些全新的专属规则。现在，你需要为这个挑战设定确切的开始和结束的时间。一旦开始了，如果你忍不住想要购物，一定要确保能遵守你自己制定的规则。

放手去做并记录下来

在"零购物月"里，你能为自己做的最好的事情就是全力跟进自己制定的规则。在此过程中，尽可能详细地记录下来（能每天记录是最好的），你可以在自己的社交媒体上做些展示，或者是告诉你的家人、朋友。不论是公开的还是私下的，记录好过程是对自己负责。如果你选择在网络上分享你的经历，那么来自朋友、家人的积极反馈会非常有利于你坚持下去。

持续学习

"零购物月"的体验怎么样？静下来花时间想一想你最初接受挑战的原因，看看是否已经达成了那些目标，是不是还有额外的收获？再看看它是否激发了你探索其他挑战的兴趣？比如说去学习一下理财（如果你的目标清单上有的话）。记录下你从这个挑战中学到了些什么，或者至少是思考下这些问题。请与你的家人、朋友、网友分享你的经历。你学到了什么？会再尝试这个挑战吗？在"零购物月"里你有没有违反过规则？如果有违反，是因为什么呢？正是这些反思与经验推动了你的成长。还有一点，无论做什么，请不要通过疯狂购物来弥补没有购物的时间！

如果你同我一样，在"零购物月"的月底发现自己的心态已经转变了，对我来说，我清楚地认清了我原本想要买的东西都是不必要的，我能够清晰地辨别"我需要的"东西和"我想要的"东西，然后意识到，我真正需要的东西并没有我想要的那么多，这才是最重要的转折点！当你转变心态，用一种新的方式看待世界，即使你在今后的生活中不再严格按照之前制定的规则生活，也能够带着新的观点走向未来。

如果你决定全心全意地选择这种生活方式,并决定挑战一年的"零购物",那就太棒了!如果你决定放弃挑战或者每年只尝试一个月的"零购物",你也会发现即使是这一个月的尝试也对你原本的"消费驱动式"的生活习惯有很大的改善。从长远来看,你通过这个挑战所学到的是关于自己的东西,这些收获会伴随你的一生。

自从我完成自己的第一个"零购物月"以来,我已经很少花钱去购买一些不必要的东西。在接下来的一年里,我会花时间确定是否能够充分利用每个物品来证明这笔购买是有价值的,我建构出了一个强大的理智消费的观念。我还发现减少购物会导致"物品管理"行为的减少。所谓"物品管理"就是把新物品带回家而必须做的所有工作。例如,如果你在线上购物,包裹到达你家后,你首先要处理包装。然后,你要么洗涤物品(如果买的是新衣服的话),要么为其找好安置的地方。除此之外,"物品管理"还包括在物品的使用寿命内的维护和保养。"物品管理"是确保物品清洁、维护并归位的过程。我们拥有的物品越多,我们需要做的物品管理就越多。我还是更喜欢减少"物品管理"的次数,这也驱使我个人更倾向于拥有更少的物品,也就是减少购物。回顾过往，我可以说，在一个月的"零购物"挑战中，我想深入探索极简主义这个目标已经实现。

极简主义和通过减少浪费实现更可持续生活的动力让我有条件进行这次挑战。我曾准备好大展拳脚，结果真的收获了更好的结果。我在"如何花钱""在哪里花钱""什么时候该花钱"这些问题上的思考更加谨慎（也就是说我的开销更少了），我已经摆脱了消费竞争。当然，我还是很热衷于购物，只是购物的频率少多了。

反思与核查清单

"零购物月"挑战的成功，让我对自己的生活更有掌控感，这是一种奇怪的感觉，因为在挑战之前我也并没有失去任何控制权。"零购物月"没有束缚我，我依然觉得我在过最好的生活。当我削减多余支出时，我的生活并没有突然变得黯淡、无聊，并且缺乏兴奋感。不同之处在于，我更加了解我的支出情况，银行账户上的存款也越来越多了。这感觉令人满意。随着开支的减少，我信用卡的欠款额也清零了。我从未感觉到如此自由！一旦你开始看到自己账户上的积极变化，储蓄就会变得和消费一样有趣，甚至更有意思。关键是，你需要先达到那个转折点，然后一直保持，而"零购物月"的尝试就是最佳开始。

大多数人谈到钱的时候都会觉得尴尬，但是无视债务的累积，掩耳盗铃更加可怕。反之，"零购物月"这种积极尝试会让你迅速进入状态，有助于你摆脱毫无思考的消费习惯，更好地掌控自己的生活。以下是我在"零购物月"里的一些活动，希望能够帮你处理好自己的财务并减少消费：

- 熟知"为什么"，明确你参加"零购物月"挑战的动机
- 梳理你在挑战中的目标和任何相关意图
- 制定自己的"零购物月"专属规则，确定好哪些是必需品，哪些是非必需品
- 确定好实践日期并开始行动
- 记录挑战过程，与家人、朋友分享你的经历，以帮助你坚持下去
- 反思自己的实践并总结经验，带着这些收获迈向未来

· 第十二章 ·

结语

定义你的遗产

那个关键时刻

每当我遇到难处，每当我觉得可持续生活太难，无人在意又无法举世瞩目，想要放弃的时候，我总是回想起多年前的那个关键时刻。那一刻，我失去了最好的朋友，而同一天内，我也被目睹到的环境破坏和塑料垃圾所震撼。虽然我的极度悲痛已经过去，但每当我想起这两件事时仍会感到悲伤。多年来，这两件事是推动我往前走的巨大动力。

我最好的朋友在 26 岁时就去世了，而我还好好活着，所以我不仅有宣传"轻质生活"的机会，我相信这也是我的责任和义务。我有责任去过有意义的生活，去给我周围的人和地球带来积极的影响，因为，我还好好活着。虽然我最好的朋友去世得很早，但她却留下了一个遗产：她的存在创造了一种平和、善良和爱的感觉，这种感觉是从她内心散发出来的，与她在一起的人也体现出了这些特质。我相信，有关她的记忆让我们这些她认识的人能继续充实地活着、开怀地大笑并更加热爱生命。我知道我不能永生，但我希望我现在所做的有意义的工作也能够成为遗产，一种能够对他人的言语和行动产生涟漪效应的好的遗产。那是我想留下的遗产，我认为它对我们所有人来说都是值得的。

这很快就变得深奥了！关键是，生活不总是像彩虹和蝴蝶一样绚烂。生活可能会变得很难，难到让我们想放弃。很多时候，可持续生活可能就是第一个被放弃的东西。然而我必须再次强调这一点：我们的生活不必完美无缺。如果你把这种生活方式看作无法企及的目标，那么它可能会让你产生无法承受的压力。请记住：你不必定下一个把整整一年、一个月甚至一周产生的所有垃圾都装进一个瓶子中的目标。这种难以达成的目标可能是某些人的追求，但并不适用于每一个人。我想我个人也无法达到那样的目标。更轻质的生活实际上是一种选择，培养更好的生活习惯，使得低废弃的生活方式更加容易一点。

在最后一章总结了你的"轻质生活"挑战，标志着你将开启终身低废生活之旅。在这一章里，汇总了你到目前为止学到的、尝试过的和已经取得的收获。现在最重要的是，你要选择带着哪些迈入未来。你需要决定继续发展和保持的习惯，以及你对可持续生活的定义，并在这个过程中找到更多的快乐。没有一成不变的解决方案，你可以自己制定规则！接下来，你要做的是：反思自己在这个轻质生活的旅程中所取得的收获，并根据轻质生活方式培养好习惯。制定自己的规则比试图模仿我提出的所有建议和生活方式的变化更有效。我希望现实能帮我证明这些是有用的，如果你也喜欢它们,就使用它们并为其打上你自己的烙印!从本书中取你所需即可。

反思时间

反思一下,或者用日记记录下你自从开始阅读这本书以来所学习到的内容、喜欢的和不喜欢的变化,然后再决定哪些可以继续。无论你是否能意识到,你可能已经取得了很大的进步!现在也是弄清楚可持续生活对你来说意味着什么的好时机。某些可持续的生活方式可能会受到一些人的喜爱,但同时也被另一些人厌恶。比如说,我是一个不喜欢 DIY 的人。如果我可以买到漂亮的蜂蜡包装和全天然、无毒的无塑料包装的腋下除臭剂,我肯定不会浪费时间试着自己做这些东西了。但这只是我的个人偏好,我知道很多人喜欢 DIY!而且,DIY 通常比成品更划算。基本上,你只需要梳理出你喜欢什么和想做什么,这有助于你坚持下去!

以下是对前面 11 章里探讨过的主题的快速回顾:

1. 轻质生活第一谈

2. 极简主义与断舍离

3. 理性消费

4. 清理储物架

5. 简化美容护肤和清洁用品

6. 重复穿搭

7. 巧妙拒绝的艺术

8. 家人和朋友

9. 你并非孤军作战

10. 钱很重要

11. 零购物月

当你脑中已经熟悉了这些概念，是时候反思下哪些话题、信息、提示和生活方式变化最吸引你了。拿起笔记本，打开你的笔记本电脑建立一个 Word 文件，或者进行心理记录，并尝试回答以下问题：

· 我最喜欢的主题有哪些？

· 我还想对哪些内容有更多的了解？

· 我想培养哪些习惯？

· 我可能会采取和保持哪些生活方式的改变？

· 哪些生活方式的改变是我无法坚持，并不应该去尝试的？

· 可持续性对我来说意味着什么？

· 我会优先选择哪种生活方式？

- 我的轻质生活是怎样呈现的?
- 对我来说,过上更快乐的生活意味着什么?
- 我想留下什么样的遗产?

真正过上轻质生活时可能有些观点会和本书中探索的内容有些违和。例如,我喜欢极简主义。从清洁和断舍离艺术到减少消费,这些对我来说都是有理可据的。我能够与这些理念产生共鸣,从"少即是多"的角度来看,这似乎是内化的可持续的生活方式。然而,当我想要保留一些"非必需"但又不想废弃的物品时,它开始变得混乱起来。我丈夫也陷入了这种困惑。所以,我们的车库不幸成了头号备用杂物"储藏"室,也就是那些杂乱无章的东西的"坟墓",它们真正"死去"的地方。最终,我们还是抽出时间来将车库清理干净,并为尽可能多的废弃物寻找新的归属地。这些废弃物有很多是我丈夫从他曾经参与的建筑和翻修项目中收集的废料,包括各种木材、电线、石膏板和废金属。我们尽可能地为它们寻找新的存放场所,免费赠送给别人并把金属放到回收箱里。最后剩余的,就只能扔进垃圾桶了(这着实令人有些难过)。

一旦你决定过上轻质生活,这种"收集"行为就可能发生在你拥有的任何物品上。有时,极简主义会与低废弃的生活方式产生冲突,但请记住,如果你知道自己不会使用它,而且你绝对不喜欢它，那么它只是在你家里占着地方的垃圾。你不会想让你的家最终变成像"囤积强迫症"节目里呈现的那样的垃圾堆一样的地方。如果我们最终没有清理出车库，那"垃圾堆"肯定就是它的命运。

这个例子说明，需要设定你的优先选择并清楚知道对你来说什么才是最重要的。如果你认为保存零星杂物很重要，你觉得你总会用到它们，那就去继续囤积。如果你觉得及时处理干净这些东西会更好，那就放手去做。同样，旅行（尤其是搭飞机旅行）也可能与轻质的生活方式有些矛盾。别轻易放弃任何一项，你可以找到更理性或者影响更小的解决方式。你自己制定规则，你可以决定在你的生活中什么样的可持续生活方式是最合适的。现在是好好定义这个意义的时候了，努力前行并及时反思吧！

依据你想要的生活方式养成习惯

你总是忘记家里的可重复使用袋子吗？或者你总是在最后时刻才制订好旅行计划，所以选择自驾而不是乘坐火车吗？或者你去喝咖啡但忘了带一个可重复使用的杯子？如果这些场景都曾发生在你的生活中，那么现在是培养新的习惯（比如使用可重复使用的袋子、可重复使用的咖啡杯和乘坐火车等），转换生活方式的好时机了！

有许多科学信息和文献资料都探讨过习惯养成的话题。习惯是一种有定期倾向性并自动产生的行为。比如说，每天早晨刷牙就是一种不需要思考的习惯行为，你只是自然而然地做了这件事。每天早上喂狗也是一个好习惯，即使是我们5岁的拉布拉多犬Vicky也绝对不会忘记提醒我喂它！而且习惯的力量是非常强大的，有一天早上我本应该让Vicky禁食去看医生，但还是习惯性地喂了它。专家认为，习惯性行为不需要经过深思熟虑，执行这些行为有助于节省大脑能量。如果想要养成新的习惯，可以试试"提示、例行程序、奖励"的方法，这是习惯研究中的常见方法（查尔斯·杜希格《习惯的力量》）。

这个系统是关于创建一个提示（触发器让你的大脑进入自动模式）、开发一个例行程序（无论是身体上还是情感上），并跟着一个奖励（让你的大脑记住它是值得的）。以我为例，我的习惯系统的奖励就是一条快乐的（活蹦乱跳的）狗！如果你对用科学开发的方式来养成新的生态友好习惯感兴趣，我建议你列出一个新习惯的清单，以便减少浪费。

当我转向低废弃的生活方式时，我有足够的动力去做出改变，我通常不会忘记自己的可重复使用袋子、旅行杯或任何其他生活方式过渡时期所做的改变。虽然这些新习惯看起来与以前不同，但也不需要刻意改变。我反而更不适应那种像从活动回家途中顺路购物之类的事情。一般在这种情况下，我的解决方案是直接用手抱着我买的东西，或者将超市里的购物车直接推到我的车旁边，这样我就可以直接把买到的东西放到车上而无须使用一次性塑料袋。与其重新陷入使用一次性塑料袋的习惯，不如找到一个替代方案，使我能继续保持新习惯。决定权掌握在我自己手中，可能你也会遇到类似的情况，在这种情况下，你需要衡量下你的价值观和便利性哪个更重要。

此外，适时提醒也能帮助你培养新习惯。如果你经常忘记自己的可重复使用的袋子和杯子，你可以把它们放在出门时容易看到的位置，比如放在钥匙旁边。这就是能够帮助你培养新习惯的完美的视觉上的提醒。当你已经在体验可持续生活了，就不要再找借口了。如果你总是说"哎呀！我又忘记用环保袋了"，那就承认吧，它对你来说没那么重要，所以你才总是忘记带着它。继续前行，专注于对你而言最想要的改变。专注于你感兴趣的事情，创建适合自己的提示，并努力实践你想要做的转变。

我相信你。如果你已经阅读到了本书的最后一章里这些最后的段落,那么你应该准备好了要继续走更漫长的路!你已经有了一定的热情和渴望,我相信这些都是我们向轻质生活方式转变、培养新习惯、创造永久性变化的必要条件和动力。

反思与核查清单

第十二章不仅是在帮助你回顾在低废弃方式转型中所做过的努力,也是关于继续走向轻质生活的重要一章。如果你已经实施了本书中的一些建议,我毫不怀疑你将拥有更轻盈、更轻质的生活。这个月是一个很好的机会,你可以反思一下你所学的内容,以便决定你在未来的生活中将要继续坚持哪些转变。而且,这还不仅仅是关于你一个人的未来,对吗?如果你正在阅读这本书,可能因为你也关心地球的未来,无论是现在还是未来,也许你都想给后代留下一个更美好的世界,是不是?

选择好未来的道路,并记住这不仅仅是关乎你一个人的未来。虽然我建议"做好你自己",这种态度其实也非常个人化,在我不知道你所处的环境如何，不知道你一个月的收入是多少，不知道你可以利用的资源是什么，或者你还面临着哪些阻碍的时候，我只能建议你做好你自己。所以当我说"做好你自己"时，我只是指，基于你的个人生活背景和个人喜好，做你力所能及的事情。我还想建议，请打开格局，想想地球的状态以及子孙后代。在这一段长长的旅程结束时，以下是一些需要考虑的事项，可以让你更期待自己的轻质未来：

○反思你想要做出的改变，以及哪些改变对你而言用处不大

○根据你的个人情况和爱好，定制属于你自己的可持续生活

○培养你需要的新习惯，过上一个更轻质、更快乐的生活

○决定你想要留下什么样的遗产

每个人都会留下遗产，我们自己决定要留下哪种类型的遗产。所以，你的遗产会是什么？

"我们并不是从祖先那里继承地球，而是向我们的子孙后代借来的。"（出处不详）

后记

恭喜你，完成了整本书的阅读，并接受了"轻质生活"挑战。想必你已有了巨大的改变，祝福你在今后的轻质生活和可持续生活中一帆风顺。为了你今后能更好地生活，我额外附送 10 个本书还没有提到的可持续生活法则供你参考。

10 个可持续生活法则：

1. 牢记 3R 原则：清减（Reduce）、再用（Reuse）和循环（Recycle）

2. 学习更多 R 原则：腐坏 (Rot)、拒绝 (Refuse)、修复 (Repair)、多目的化 (Repurpose) 以及重新思考 (Rethink)

3. 减少消费

4. 更注重质量而非数量

5. 多吃植物性食物

6. 生活、学习并成长

7. 开放心态，不要评判（不论是自己还是他人）

8. 追求进步而非完美

9. 以身作则

10. 享受生活

许多人会因为全球的环境问题而不知所措。没错,那些普通人觉得难以解决的问题会导致不作为。有时候,即使是我们想采取行动,但前路茫茫不知从哪里开始。所以本书旨在提供一张路线图,帮助普通人朝着更轻质的生活方式迈出步伐(行动起来真的很棒!)。我建议大家时常看看这10个可持续生活法则(我肯定会),更好的方法是将它们写下来,挂在墙上或者保存在手机里。只要实施这10个法则就能让你的生活立即变得更"轻质",它们甚至可能为你提供灵感,启发你创造出自己的环保宣言和口号。

致谢

感谢我的丈夫一路陪伴,在这个被称作生命的旅程中,你给予了我最大的支持。在我的创业之路上,在写作这本书的过程中,你一直在我身边,用爱、反馈和美食温暖我。在巴厘岛,你和我一起浮潜,见证了这一切的开始。

感谢我的家人。我的爸爸妈妈,你们是我追梦之旅里最大的推动者,鼓励我踏上了那不平凡的道路。如果没有家人的爱和支持,我不会成长为现在的自己!我的妹妹,凯蒂,你不仅是我的家人,还是我最好的朋友、啦啦队长和专属顾问。多年来,你是我生命中的一块磐石,我们在美好的时光里一起开怀大笑,在艰难的岁月里相拥哭泣,感谢你在我需要指引的时候给了我最大的帮助。我的公公婆婆,Pat and LJ,感谢你们的爱、支持和关注,能够拥有你们是我的幸运。

感谢我的编辑们。Laura,非常感谢你鼓励我开发这个项目,让可持续生活进入我的世界!Donna,谢谢你对这本书的信任,加入团队并帮忙壮大我们的团队。你们俩都是我的超级英雄!最后,感谢企鹅兰登出版社,很荣幸能够成为你们的签约作者。

感谢我的朋友们，在我写作此书的时候时常询问进展情况，你们日常的鼓励、建议和反馈对我来说十分重要，是我不断前行的一大动力！

感谢我的线上社交群，如果没有你们这些志同道合的伙伴，这本书不可能完成。感谢你们花时间阅读我的博客"零废弃小站"，在社交媒体上关注我的动态，并通过私信、电子邮件甚至是在现实生活中与我联系。

感谢我的客户，如果没有你们，我不会从一个普通人跃迁为一名创业者！感谢你们给予我机会，让我可以同这么多优秀的品牌和企业合作，相信我们的共同努力会让这个世界变得更加美好。

最后，我还要感谢我杰出的"绿色团队"里的同事们，当我们还在公司里共事的时候，当我提出建立"绿色团队"的想法时，你们一直给予我支持，在我选择离职的前几天，你们都还在鼓励我。你们可能无法想象这对我来说意味着什么！在我离开的时候，我说过我会写一本书，现在，终于完成了！